东方丛书

倾听
马克思

一场探寻马克思足迹的欧洲之旅

[日] 内田树　石川康宏　池田香代子　著

鲍忆涵　译

人民东方出版传媒
People's Oriental Publishing & Media

东方出版社
The Oriental Press

·✦·

　　本书以"和内田树先生、石川康宏先生一起拜访马克思故地的旅行"为名义，记录了一行人在德国、英国九天八晚的旅行。

　　本书收录了内田树先生和石川康宏先生两人的对谈、发言，同行的池田香代子女士的讲话也收录在内。此外，这次"倾听马克思之旅"的"倾听指南"由同行的鸭川出版社主编松竹伸幸执笔。书中的照片由箱本五郎先生提供（除特别标明的照片以外）。

Contents × 目录

1 / 德国篇
在历史中阅读马克思

2/ 格林篇
德国三月革命与法兰克福宪法

3 英国篇
在《资本论》的诞生地谈资本主义

1
德国篇
在历史中阅读
马克思

在马克思故居的后院
左边是内田先生，右边是石川先生

倾听指南

三月二十三日

"和内田树先生、石川康宏先生一起拜访马克思故地的旅行"终于开始了。第一天，大家一直在奔波。全员45人，有的从成田机场出发，有的从关西机场出发，经过12小时的长途旅行，分别在杜塞尔多夫机场和法兰克福机场下飞机，之后便换乘巴士直奔特里尔。那么，就先请从关西机场出发的内田先生和石川先生发言（在关西机场的照片由根木山幸夫先生提供）。

×

内田：

大家好，我是内田树。本以为这是个小规模的旅行，我甚至还担心这次旅行是否会因为没人参加而取消。所以，看到有那么多人参加，我非常高兴。我本人非常喜欢团体旅行，希望这次旅行能够非常愉快。请大家多多指教。

×

石川康宏：

大家好，我是石川康宏。这是我第一次来欧洲，也是第一次参加这种大规模的旅行。我一直避免参加这种活动，但是这次无奈被旅行社和出版社"设计"，我就这么被拖来了。我会尽量不给大家添麻烦的。请多多指教。

倾听指南

三月二十四日

大家早上好。经历了昨天的长途旅行，辛苦了！

大家知道，内田先生和石川先生已经写了两册《青年们，读马克思吧！》。

在这两本书中，内田先生和石川先生通过书信往来的形式，就卡尔·马克思的几部著作发表了自己的见解。第一册写于2010年，副标题为"一个20多岁青年人的探索与热情"；第二册写于2014年，副标题为"苏醒的马克思"。第一册从构思到完成用了大约1年时间，而第二册用了将近4年的时间。

他们打算在下一部作品中讨论与马克思志同道合的弗里德里希·恩格斯的著作，但是这似乎还需要花费很长的时间才能完成。最近日本局势恶化，两人因此而忙碌，内田先生曾在第二册中提到这一点。

于是，我便邀请二人参加此次旅行："你们一直在讨论马克思，不如去参观一下马克思成长的地方吧！可能会给你们今后的写作带来许多灵感呢！"面对邀请，内田先生说："是啊，我们一直在靠马克思挣钱，如果不去马克思的墓前亲手献上一束花，是会遭报应的。"石川先生虽"不想去与日本有两个小时以上时差的地方"，但最终还是被说服了。

我把这件事说给池田香代子女士听，她随即表示她也要去。至于池田女士为什么也想跟着一起来，大家马上就会知道了。

接下来我们要从宾馆出发，坐巴士去特里尔市。但在此之前，让我们先爬上小山丘，眺望一下特里尔市的全景吧。在旅行即将开始之际，先请内田先生、石川先生和池田女士发言。

马克思给我的启发

石川：离开关西机场后，一会儿有人对我说"还不能睡"，一会儿又有人对我说"吃东西吧"，我手忙脚乱地终于到了这里。本以为在旅途中和内田先生进行两次对谈就好了，所以我一身轻松地来了。

不知道为什么，我总被要求"讲话"，于是不禁感叹："本以为是派遣劳动，没想到要随时候命啊！"刚才，鸭川出版社的松竹先生发言，虽然他说了很多，但我觉得中心思想就是

远眺特里尔市

"赶快写书吧"！请放心，我一定会抓紧写的。

我想先解释一下，我和内田先生最近变得很忙主要是因为以下两个政治变动。一个是安倍政权的诞生和其政治的极度危险性。这很糟糕。还有一个是大阪的桥下先生①等人的活动。因为这两个政治变动，我们不得不参加各种政治活动。我觉得能与青年、SEALDs②的各位互动是非常开心的事情，也是值得去做的事情，但是时间确实有限。

虽然这几年我写了很多关于马克思的东西，但实际上《青年们，读马克思吧!》是我写的第一本关于马克思的书。我并不是从年轻时候起就一直研究马克思。

这是我第一次来德国，德语也就懂一点皮毛，只会说"早上好"什么的。但是，当分析自己身在其中的日本这一资本主义社会时，我深刻领会到是马克思给了我最大的启发，所以断断续续地读了许多有关马克思的东西。这是事实。

虽然我是这样一个人，或者说正因为这样，最近才会收到"请以通俗易懂的方式写写马克思"的委托。明年我就60岁了，所以我觉得写这么一本面向青年的书也是我的责任所在吧。

离开关西机场时，作为"最后的晚餐"，我和内田先生分

---

①此处指前任大阪市市长桥下彻。——译者注
②日本学生组织的政治运动团体，英文全称为Students Emergency Action for Liberal Democracy，目前已解散。——译者注

别吃了乌冬面和荞麦面。当时，我问他："对谈怎么办啊？"内田先生只回答了一句："不是挺好的嘛，到时候随便谈谈就可以了。"我知道内田先生肯定会这么说。请多多指教。

第一次来德国和英国

内田：因为石川先生提到的那些事情，说实话我还没搞清状况就出发了，等反应过来就已经到这里了。前段时间，松竹先生邀请我和石川先生去德国和英国旅行，说是为了感谢我们写了两册《青年们，读马克思吧!》。我想这应该是出版社承担就餐费和交通费的旅行，去玩玩也不错，于是便劝不太情愿的石川先生一起前往。

之后，在商谈旅行事宜的时候，旅行社的总经理也来了。我压根儿没想过明明是三个人的旅行，为什么旅行社也来了这个问题。没多加考虑，这次的旅行就这么定下来了。实际上，出版社是想让我们写书的续篇！我们就这样中了出版社的"圈套"！

但是，我是一个武士道家，我绝不会公开承认自己被"摆了一道"。于是我当即调整心态，笑容满面地应道："事实上，我很早以前就想去德国和英国看看，以此来加深对马克思的理解。"

我认为这次旅行是一个很好的机会，所以在此之前，我特意拜读了大内兵卫的《马克思、恩格斯小传》。我还在飞机上拼命地读今村仁司的《马克思入门》，一边画红线，一边阅读。还没读完，它却不偏不倚地掉进了座位缝里，怎么拿也拿不出来，实在是有趣。我还带了一本很厚的阿尔图塞的《保卫马克思》，打算现学现卖。

因为我也是第一次来德国和英国，所看到的一切对我来说都很新鲜。除了本来就要谈的有关马克思的内容以外，我还会从看到的欧洲的风景展开，讲些别的东西。所以，我们的对谈应该是以闲聊为主，不会是很学术的东西。请多多指教。

×

池田：

明天我会和大家说说我不请自来，也来参加这次旅行的原因。民俗学者宫本常一有一个习惯——来到一个新的城市就一定要去它最高的地方眺望城市全景。在这次旅行中，我们也会前往特里尔的最高处眺望，我非常兴奋。请多多指教。

倾听指南

三月二十四日续

"倾听马克思之旅"的起点自然是特里尔，因为这是马克思出生的城市。

特里尔建于公元前16年，是德国最古老的城市。据说，特里尔是作为罗马帝国进军欧洲的据点而被建造起来的，它在神圣的罗马帝国中占据着核心地位。因此特里尔这所小城内尽是世界遗产，值得一看。

马克思生于1818年。17岁时，马克思从高级文科中学（大学前的中等教育机构，相当于日本的中学、高中）毕业。在这之前，他一直生活在特里尔。

看一下德国地图，我们便能知道，包括特里尔在内的莱茵兰地区紧邻法国的国境线。正如都德《最后一课》中出现的阿尔萨斯-洛林一样，在这一带，每逢战争，很多地区一会儿属于德国，一会儿属于法国。事实上，就连特里尔，在马克思出生的三年前，还是被拿破仑一世征服的属于法国的领土。知道这件事后的内田先生十分惊讶："马克思的妻子燕妮比马克思大四岁，也就是说燕妮在出生的时候是法国人啊！"

也正因为这样，莱茵兰地区受法国革命和法国思想的影响很大。据说在回归德国（当时的普鲁士）之后，该地区还施行了一段时间的拿破仑法典。这对马克思产生的影响也不容忽视。

我们一行来到了马克思的故居，这座房子被保存至今。虽然特里尔的观光名胜以古都遗迹为主，但是马克思的故居对特里尔来说是与现代相衔接的存在，因此它备受重视。2018年是马克思诞生200周年，据说届时这里一整年都会有相关的庆典活动。

马克思故居是一座二层建筑，马克思的生平以照片的形式陈列其中。当然，主要的陈列品都在展示马克思的成就。我们期待看到类似"马克思亲笔的……"，但很遗憾，故居里并没有这样的东西。

令我们惊讶的是，这里还有马克思逝世后的展览品。与马克思相关的人，列宁、斯大林等历史人物，甚至第二次世界大战后与社会主义相关的各种各样的展览品也被陈列在内。这些可以理解为马克思的周边事物吧。

参观结束后，我们回到了一楼，那里是马克思商店。商店主要卖些带有马克思图案的帽子、T恤等，也有书籍，除此之外竟然还卖红葡萄酒。商店免费为游客与马克思像拍照，并将照片发到游客的电子邮箱。这很有意思。

在马克思故居的后面有个庭院。我们在马克思像前拍照留念，就是第一章开始的那张照片。

补充一句，这里只是马克思的"出生地"，因为在马克思出生后不久，他们一家便搬家了。马克思"新家"的其中一处也被保留了下来，虽然不能进去参观，但一楼现在是百元店。

这条街道的尽头，便是马克思的妻子燕妮的老家。他们二人或许就是在散步中相遇、相识的吧。我们还去了马克思曾经就读的高级文科中学。这之后，我们游览了市内的名胜古迹。如果想了解更多内容，请翻阅专业的旅游指南。

如果是一般的旅行，游览完这些名胜古迹，差不多就该回宾馆休息了，但我们的旅行不是这样。傍晚回到宾馆后，我们一行立即奔向会议室。我们去听柏林-勃兰登堡科学院的尤尔根·赫雷斯博士的讲座。

赫雷斯先生是出生于特里尔的历史学家。最近，德国、俄罗斯和日本的学者正在一起编纂《新马克思恩格斯全集》（简称《新全集》），而赫雷斯先生是核心人物之一。这套《新全集》计划收录马克思和恩格斯写的所有东西，其成果值得期待。赫雷斯先生的讲话涉及以下三个方面：

第一，与其说马克思是德国人，还不如说马克思是西欧（包括法国在内）人，这会成为阅读马克思文本的线索。在1848年三月革命的时候，马克思创立了《新莱茵报》并担任主编，该报纸的副标题不是"共产主义的机关报"，而是"民主派机关报"。

事实上，马克思主张建立共和制的国家（不是君主制）、实现普选、所有成年男子持有武器等。但是，在当时的德国，大多数国民并不希望废除君主制，在他们的心中，连民主共和制都是乌托邦，更别说共产主义了。马克思认为共产主义是将来的事情。

第二，理解历史中的马克思的重要性。1864年，马克思创立了国际工人协会（第一国际）。在各种思想潮流混杂的协会内部进行讨论，是马克思创立国际工人协会的目的。此外，马克思还想借助这个协会向欧洲大陆引进英国具有实践意义的工会的方法，并将欧洲大陆的激进的思想传入英国。19世纪，全球化刚刚开始，马克思试图在全球化和产业化的浪潮中将工人统一起来。

第三，恩格斯所编辑的《资本论》第二卷和第三卷的问题点。《资本论》第二卷和第三卷是恩格斯在马克思留下的手稿的基础上编辑而成的，然而事实上，这个手稿的内容远远多于

赫雷斯先生在演讲

已出版的内容。看了这个手稿，就能明白马克思实际上写了些什么，也能了解恩格斯是怎样对其进行编辑的。

在马克思的一生中，基本上没有充分肯定自我观点的作品，都留有进一步探讨的余地。以"利润率趋向下降的规律"为例，马克思写的是"有可能下降，也有可能上升"，而恩格斯却解释为："虽然有上升的可能，但长远来看是下降的。"透过马克思的手稿，我们能够看出马克思的纠结与思考。

对于这个解释，内田先生非常惊讶，问道："您的意思是，恩格斯对马克思的手稿进行了取舍，对马克思不断发展着的思想整理过度了？"赫雷斯先生指出，马克思的手稿还需要进行探讨，尚未达到可以出版的阶段，而恩格斯整理了这些内容并将其出版。

事实上，除了利润率以外，还有许多类似的问题。比如马克思认为资本主义容易陷入危机，但他并未使用"崩溃"（Zusammenbruch）一词，只是使用了类似的词语。但是恩格斯对此却写道：资本主义容易陷入危机，最终有可能崩溃。恩格斯将还需进一步探讨的问题进行取舍并将其理论化了。

终于到吃晚饭的时间了。与赫雷斯先生的讨论一直延续到了饭桌上。

马克思曾经向美国的《纽约每日论坛报》投稿，内田先生想知道美国对马克思的这些稿件的接受程度。赫雷斯先生介绍了许多有关马克思向《纽约每日论坛报》投稿的事情。此外，赫雷斯先生还告诉内田先生有一本专门研究这个问题的书，并表示之后会通过电子邮件与内田先生联系。

此前，赫雷斯先生提出应该在历史中读马克思，石川先生认为赫雷斯先生明确提出这个观点是十分重要的。此外，石川先生还表示，日本也留有不少20世纪样式的马克思解释。赫雷斯先生对此表示赞同，并表示资本主义必然滋生战争也只是20世纪的马克思解释。

倾听指南

三月二十五日

　　昨晚聊得很起劲，大家很晚才去休息。疲惫了一天，应该会酣然入梦吧。接下来我们将从特里尔出发，前往德国的最后一个目的地——法兰克福。在此之前，让我们来听听大家到目前为止的感受吧。

马克思故居

　　内田：终于有了旅行开始的实感！

　　昨天我在马克思故居买了很多商品。马克思帽子、马克思T恤、环保袋，还有马克杯、纪念章等，真的很多啊！昨晚，听了赫雷斯博士的讲座后，我们一起吃了饭。

　　吃饭时，赫雷斯博士问我："马克思故居怎么样啊？"我答

道："我觉得商业化有点明显。"听到我的回答，赫雷斯博士苦
着脸说："真是太荒唐了！"他对马克思故居的商业化十分愤
慨，"都是因为有人要去那种地方买商品。"（笑）其实我也有
同感。马克思故居内除了照片展示之外，什么都没有，我觉
得这样不太好。赫雷斯博士也抱怨道："这样还不如在网上
看看呢。"

实际上，昨天我连赫雷斯博士是谁、将要讲些什么都不知
道，就开始听他的讲座了。我昨天还有些感冒，讲座开始前一
个小时一直在休息。刚睡醒就跑去听讲座，所以我完全处于
"睡眠状态"。再加上PPT也出了些问题，我心里想这下完了，
快要睡着了。但没想到赫雷斯博士的演讲非常有趣，我认真地
听到了最后。

讲座刚开始没多久，赫雷斯博士便问我们："有想问的问
题吗？"大家一定在想，我们还什么都没听，怎么就被问"有
没有问题"呢。事实上，赫雷斯博士准备了英语的摘要。按道
理，摘要在讲座开始前就已经分发给大家了，所以赫雷斯博士
理所当然地以为大家都看了摘要。然而大家一脸茫然，完全不
能理解赫雷斯博士为什么这样问。

晚饭时，赫雷斯博士问道："你们没有拿到我写的摘要
吗？"我们说："没有。"听到我们的回答，赫雷斯博士恍然大
悟。在这之前，他一定觉得我们是态度极其恶劣的听众吧。（笑）

中国人喜欢马克思书信

内田：酒足饭饱之后，赫雷斯博士变得活跃起来，给我们说了很多，其中还包括《马克思恩格斯全集》的编辑秘闻，非常有趣。

《马克思恩格斯全集》从20世纪30年代开始编辑，历经了很长时间。到了70年代，国际小组成立。此后，《马克思恩格斯全集》的编辑才慢慢步入正轨。

据说马克思的书信现在基本只出现在旧书市场，而中国人在大量购买这些书信。这导致马克思书信的价格暴涨，历史学者对此感到非常困惑。我怎么都想不到会在这种地方说起这个事情。赫雷斯博士对中国人买马克思书信的行为略有不解，当然，我们有关中国的谈话不仅仅局限于此。

弗里德里希·恩格斯出生于伍珀塔尔市，据说弗里德里希·恩格斯故居也在这个城市。

这样聊天时，我切实感受到我们开启了倾听马克思之旅。前半天兴奋地买买买，后半天畅聊学术，还有了新的感悟，实在是有趣。

马克思主义没能扎根美国

内田：我对马克思主义在美国的历史，或者说对马克思主义没能扎根美国的原因很感兴趣，但一直苦于找不到与此相关的文献资料。我将这个苦恼说与赫雷斯博士后，他告诉我最近出版了一本有关马克思和林肯的关系的书。此外，他还表示之后会用邮件和我联系，告诉我详情。

我昨天晚上写推特的时候提到了这件事，没过多久就有日本的粉丝给我留言："您想要看的是这本书吗？"这位粉丝说的是《未完成的革命：马克思与林肯》（*An Unfinished Revolution: Karl Marx and Abraham Lincoln*）。我在亚马逊上找到了这本书，并发现该书有Kindle版的电子书，于是立刻将其下载下来。今天早上，我就开始看这本书了。我真的感受到了科技进步的厉害。

有关马克思主义没能扎根美国的原因，我基于自己的理解，先对其进行了假设。在旅行中，我将一边读这本书，一边思考我的假设能否从该书中得到证实。我把这个作为课题，可能在旅行途中就能向大家汇报成果了。总之，昨天真是充实的一天啊！接下来几天也请多多指教。

19世纪的马克思与20世纪的马克思

石川：早上好。昨天晚上我们听了赫雷斯先生的讲座，之后还与他一起吃了晚饭。晚饭时，我也和赫雷斯先生进行了交谈，我关心的主要是以下两点：

第一个问题是关于赫雷斯先生所说的"19世纪的马克思"和"20世纪的马克思"。马克思于1883年逝世，也就是说马克思并没生活在20世纪。"20世纪的马克思"只是后人所构建的"马克思像"罢了。赫雷斯先生向我们介绍了"真实的马克思"，而不是"被曲解了的马克思"。他希望使"真实的马克思"能够在现代发挥作用。我认为这很重要。

日本对马克思的理解主要基于列宁对马克思的理解。此外，在日本，斯大林的文献、深受斯大林影响的文献还被当作教材使用，而很多人就是通过这些来理解马克思的。我们必须去讨论"真正的马克思"，这也是日本需要解决的一个重大问题。

恩格斯的独特解释

石川：第二个问题是恩格斯对马克思草稿的独特解释。这对《资本论》的内容也有所影响。昨天，我们的翻译人员不知道如何翻译"利润率趋向下降"。事实上，马克思并没有对这个问题进行明确的回答，反而是恩格斯将其总结归纳为"下降"。这是赫雷斯先生列举的一个例子。

据说正在出版的《新马克思恩格斯全集》中，与《资本论》第二卷相关的部分已经完成了。马克思遗留下来的《资本论》的草稿已经被全部翻译成日语，由大月书店出版。

许多人当即投身研究，对包括"利润率趋向下降规律"的理解方法在内的诸多问题进行了激烈讨论。现行《资本论》是恩格斯在马克思所写的东西之上添加自己独特的"解释"而形成的，这是我与日本学者们共同的问题意识。

倾听指南

三月二十五日续

难得来国外旅游，直接前往法兰克福未免太可惜。于是在去法兰克福的途中，我们顺便去了莱茵兰地区从中世纪起就很繁华的几座城市。先是贝恩卡斯特尔-库斯，该地作为摩泽尔葡萄酒的酿造地而闻名于世。我们还去了阿斯曼斯豪森，并在那里吃了午饭。

之后，我们坐渡船横渡莱茵河，奔赴法兰克福。接着，池田香代子女士发言，这部分内容请见第二章。以下进入此次"倾听马克思之旅"的精华部分——内田先生和石川先生的第一次对谈。值得一提的是，有一名住在荷兰的日本女士在网上了解到我们此次的旅行，专门赶到会场来听这次对谈。

想要顺利地进行对谈，一般来说需要事前商量一下对谈的内容等。但是，此次对谈是以旅途中所接触到的有关马克思的事情为基础，谈谈自己的所思所想、所感所悟。如果没有身在其中就无法确定自己的感受，所以此次对谈没有经过事前讨论，是一种开门见山式的对谈。接下来，就让我们来感受一下这场特别的对谈吧。

对谈 I

松竹：拜托各位了。那么，先从内田先生开始。

内田：晚上好！大家辛苦了。

我听说有许多人是从很远的地方赶来参加这次旅行的。之前在京都有一个集中研究"冬季恋歌"的YONYON学会，我受邀成为该学会的嘉宾发言代表。当时，从最远的地方赶来参加该学会的人被授予"YONYON巡礼者"的称号，最年长的参加者则被授予"今日最佳尚宫"的称号，大家都拍手称好。

参加这次旅行的人中，最远的是来自北海道吗？

会场：荷兰。

内田：究竟哪个更远呢？（笑）

石川："远"的标准很难界定呀。（笑）

内田：哈哈哈，不管怎么样，感谢大家远道而来！

我所讲的话和对谈的内容都是类似底稿的东西，之后出版社将在不改变原意的基础上进行润色，编辑成一本比较好的书

横渡莱茵河

籍，但是我不能保证现场讲话的质量，请大家多多谅解。

这次对谈会持续一个小时左右，所以我和石川先生每人会讲20分钟左右，剩下的时间就留给大家提问，我们会作出相应的回答。现在已经过了10分钟……

松竹： 一个小时从现在开始算起。

内田： 啊，是这样啊。我所剩的时间不是10分钟啊。（笑）

石川： 哈哈哈，当然不是只有10分钟。

内田发言：马克思与美国

我早上在大巴车上时也说过，关于美国对马克思的接受程度，我非常感兴趣。最直接的契机自然是伯尼·桑德斯的出现。作为民主党的总统候选人，伯尼·桑德斯的支持率曾直逼希拉里·克林顿。

自称是社会主义者的人在美国获得了年轻人的大力支持，因此各方纷纷采访。这时有人会问："为什么有那么多人支持伯尼·桑德斯呢？"对此，一般会这样回答："那是因为'冷战'已经过去25年了，25岁以下的人并不反感社会主义。"这样的解释似乎谁都能想到。

但是，还有一种想法在我脑海里挥之不去，那就是：社会主义、共产主义和马克思主义的历史是不是在美国很不受重视呢？我有时也会突然想：或许只是我们不知道，实际上在美国文化中，可能从19世纪开始就存在接受这些东西的想法了。我觉得我们可能忽视了这些。

昨天赫雷斯博士说过，在斯大林时代，苏联政府删去了马克思档案及其手稿中对自己不利的一些内容。我们还谈到，马克思对沙皇俄国所施行的一系列恶政的批判也被删除或隐藏起来。

马克思对发生在美国的工人运动、社会主义运动的声援也被有意压制了。因为据文献资料记载，马克思支持、理解并赞扬了美国的这类运动。此外，马克思对林肯解放奴隶的斗争也表示理解。这些内容可能也被删除了。

这是因为"冷战"从1945年到1990年持续了45年。在这个过程中，马克思对美国社会运动的关心是完全不利于"冷战"局势的。处于马克思主义阵营中的人们自然不会谈论这些东西。

同样地，美国方面也想隐瞒"自己国家的社会运动实际上与马克思主义的形成有关"这一历史事实。在"冷战"期间，美国方面隐瞒这一事实的意图表现得格外明显。实际上，在此之前美国就已经有这种意图了。

美国和苏联都试图抹去"马克思关心美国的社会运动，或者说马克思在一定程度上影响了美国的社会运动"这一历史事实。既然美苏两国在这一点上达成了默契，那么与之相关的资料自然不会出现，大概也不会有以此为主题的研究吧。

据我所知，至少在日本基本上没有这样的研究。早上我也说过，我把这件事写在了推特上，有位粉丝告诉我有一本叫作《未完成的革命：马克思和林肯》的书，写的是与此相关的内容。我原本想在大巴上看这本书的，但是由于感冒加重，身体状况不是很好，基本上没怎么看，所有的空余时间都用在了睡觉上。（笑）

　　虽然我还没怎么看这本书，但是在旅行结束前，我一定会再读50页。届时再向大家汇报。

　　事实上，到目前为止，我已经发现很多有趣的地方了。

　　从1851年开始的大约10年间，待在伦敦的马克思可谓是一贫如洗。这时，美国《纽约每日论坛报》的主编来拜访马克思，非常看好他，并拜托他多写些有关欧洲问题的报道，定期向《纽约每日论坛报》投稿。

　　就这样，马克思成为该报纸的撰稿人兼驻伦敦特派员，并且定期投稿。据统计，马克思总共写了800篇报道。据赫雷斯博士所说，这些稿件大多是匿名的，不是以"By 卡尔·马克思"的形式，而是作为社评被刊载的。

　　马克思奋笔疾书，就俄国问题、英国问题、印度问题、中国问题、非洲问题等当时全世界的各种热点问题进行分析评论。这些社评被定期刊载在《纽约每日论坛报》上，稿件多的时候，甚至一周刊载三次。也就是说，马克思的稿件先作为社评被刊载，又被周刊杂志等所引用，甚至还被半月刊转载。马克思的稿件是能够被反复引用的高质量的作品。

　　我昨天还听说《纽约每日论坛报》是当时世界上发行量最大的报纸。这令我非常震惊。虽然订阅量只有几万份，但在当时的美国，它已经是被广泛阅读的英文报纸了。10年间，马克思每周都会写大量与世界现状分析有关的报道。这些报道并不是仅在小范围内被少数人阅读，而是作为社评刊载在日刊的新闻版面上。这与美国国内舆论的形成多少有些关系。

马克思所写的并不是类似于"应该采取何种形式进行社会活动"这样的纲领内容，而是与当时的社会问题相关的分析。可以说，马克思天生具有对眼前发生的社会问题进行分析的才能。

《路易·波拿巴的雾月十八日》是马克思对150年前短时间内发生的法国宫廷政变的分析。因为是150年前的政变，我们并不清楚书中的出场人物究竟是何人，完全没有现实感。尽管如此，一旦开始读这本书就根本停不下来。这正是得益于马克思高明的分析。

大概有很多美国人也喜欢马克思高明的分析吧，我觉得如果他们不间断地阅读相关文章的话，一定会受到马克思的影响。由于各种历史原因，一直没有出现与这种影响相关的主流讨论。当然，这种影响也可能是潜在的。

马克思还曾想搬到美国去住。我是今天才知道。刚读到这儿的时候，我也大吃一惊，马克思在《莱茵报》闭刊时（1842年）就已经在考虑搬到美国居住了……那个时候，马克思是在哪里呢？是在特里尔吗？

松竹：《莱茵报》时期，马克思是在科隆。

原来是在科隆啊。

马克思在申请住所转移所需要的资料时，这样写道："我想去美国，我打算去得克萨斯。"马克思在20多岁的时候已经厌烦了国内的言论管制，试图去开辟一片新天地，所以他去了言论管制不那么严格的地方：巴黎、布鲁塞尔、伦敦……就这样，他不断地避开管制。因此当他决定施展舌辩之才时，他觉得去美国也可以。

19世纪末的欧洲，全球化已经十分明显，人们自由地进出往来。我们不能用现在的出入境审查思维去理解当时的情况，因为马克思没有国籍，他是一个无国籍者。但是，他可以自由地前往巴黎、布鲁塞尔，或者伦敦。连伦敦的大英博物馆，也可以自由进出。如果当时在博物馆的门口，工作人员和马克思进行了以下对话，可能也就不会有《资本论》了。

请问您有身份证和护照吗？

没有。

那您无法进入馆内。

这样想来，当时的人员流动真是相当自由啊。与现在相比，国民国家还处于发展阶段，国家之间的国境线划分也并不严格。如果"渗透压"发生了变化，人们就会通过"半透膜"

从这边移到那边。

也就是说，如果一个地区的政治形势发生了变化，人们就一点一点地离开这个地区；如果所到之处又发生了变化，便又前往其他地方。所以，大概有成千上万的活动家自由地来来去去吧。

马克思也是其中的一员，"去美国"是20多岁的马克思的选择之一。比较现在的欧洲和美国，我们可能会想"两者的文化完全不同"，"马克思不可能横跨大西洋去那种地方的"。产生这样的想法，是因为我们以今天的眼光衡量过去，以20世纪的视角审视19世纪。19世纪实际上比我们想象得更为自由。

那时，虽然马克思留在了伦敦，但是在欧洲各地，有很多受到压迫的社会主义者和革命家前往美国。那些人开展社会运动、组织工会，并在20世纪初成立了美国共产党。在俄国革命结束后3年的1920年，美国共产党与中国共产党、印度共产党、日本共产党几乎是同一时期成立的。

美国共产党成立的中心力量便是这些来自欧洲的志士，这清楚地记录在美国共产党的历史上。事实上，在美国共产党成立以前，这些19世纪中期从欧洲的政治压迫下逃到美国的人已经在美国各地建立了社会活动、工会活动的据点，这就是美国社会运动的起源。我觉得这是一个非常重要的问题。

美国共产党与各国的共产党一样，在20世纪20年代形成并开展了一系列活动。

在座各位如果看过《胡佛》这部电影的话，应该知道电影主要讲述了由年轻的莱昂纳多·迪卡普里奥所扮演的埃德加·胡佛在美国联邦调查局（FBI）时的事情。当时，社会上对于炸弹袭击的防范逐渐加强。国内无政府主义者罢工，恐怖活动频发，为应对这些状况，美国政府组织成立了FBI。20世纪20年代就是这样一个时代。

和欧洲一样，在美国也出现了社会主义运动、工会运动和马克思主义运动，之后这些运动不断发展。因此，美国可能也与英国、法国、德国一样，会产生并发展一些类似形式的马克思主义运动。实际上并没有产生这样的运动。这是为什么呢？"别的国家都产生了这样的运动，为什么美国没有呢？"我对此很感兴趣。

虽然具备了很多必要的历史条件，但对美国来说，这些运动可能并不是历史的必然。由此，我想到了两个人。一个是我刚才提到的埃德加·胡佛。他是FBI局长，任职长达48年。如果再往前算一点，他做了近60年FBI的成员。

埃德加·胡佛为前后八任总统服务，潜在的权力非常大，可以说是近现代美国的幕后操作者。他是一个病态反共的人，他对包括自由主义在内的一切有关共产主义的东西进行压制。

我认为从第二次世界大战期间到20世纪70年代，基本上都是这个人在幕后支配着美国的政治。他是一个对权力相当狂热的人。

还有一个人是约瑟夫·麦卡锡。相比之下，胡佛更为老奸巨猾。这是因为，麦卡锡在刚崭露头角之时就已经彻底被胡佛利用了。就这样，美国的共产主义被根除了。

大概是这两个人的出现阻碍了马克思主义在美国的正常发展吧。当然，这只是我的假设，纯粹是偶然浮现在脑海的假设。

我刚才说过，我对"本会发生的事情却没有发生"这一点很感兴趣。一般的历史记述是这样的："……发生了某一事件"，"为什么会发生呢？这是因为……"但是，我在思考"发生了不也挺好的吗"，"为什么没有发生啊"这些事情。

某一事物诞生了，但它的发展受到阻碍，这样的事实绝不会成为历史学的主题。历史只处理发生过的事情。福科说过："为什么某件事情发生了，与它不同的事情没有发生，考虑这些的不是历史学而是系统学。"我算是个文学者吧，是以系统学的思维思考问题的人，所以对这些很感兴趣。

我对在美国的马克思主义感兴趣的原因很简单——日本是美国的附属国。日本基本的国家战略都需要获得美国的同意；安全保障、能源、食物，以及所有的外交战略、政策，也都必须经过美国同意才能实行。这是日本的现状。

所有人都知道"日本是美国的卫星国，是美国的附属国"。在苏联的卫星国已经消失的今天，日本是世界上唯一还存在的卫星国。因此我必须了解美国在想些什么，美国的宇宙论是什么样的，美国当权者又是怎样看待世界的。这对我来说是迫切需要去探讨的课题。

这是有"突破口"的。研究美国时，我认为突破口还是马克思主义、左翼的传统。欧洲自不必说，马克思主义也是中国、俄国，或者说是亚洲各国所共有的经验。我们从共有的经验中汲取知识，建立了现在的国家。可以说，与马克思主义的关系决定了各个国家的形式。

对这些国家来说，马克思主义是必然经历的，一个重大的、具有戏剧性的、历史的转折点。它们以各种各样的形式通过这个转折点，也许是固有的形式，也许以固有的形式发现了解决问题的方法，因此才有了各个国家现在的形式。

这样的话，要想理解美国现在的结构，以及他们政治上的宇宙论，就必须知道美国是如何通过马克思主义这个转折点的。为此，我非常关注伯尼·桑德斯这一人物的出现。

目前，在欧洲各地，左翼的逆潮爆发了。我简单称之为"盎格鲁-撒克逊人的左翼逆潮"。

在英国，自称是社会民主主义者的杰里米·科尔宾提出了社会民主主义的政策，并成为工党党首。根据选举的结果，他有可能成为英国首相。在加拿大，出现了一个重视自由主义的人，名为贾斯汀·特鲁多。美国有伯尼·桑德斯的登场，此前西班牙也开始了可以称之为"极左"的运动。

它们依然受到各种形式的压制。但是，化身为"地下泉水"的马克思主义的传统，或者说包括马克思主义在内的各种各样的传统，如同早在18世纪就诞生的社会运动的历史精神，没有消失殆尽，而是一直留存下来。随着历史环境的变化，这些东西现在已经重新浮出水面。

这样思考的话，就能比较容易地理解当今世界上发生的事情了。除此之外，通过画这么一条辅助线，身处日本的我们也更清楚应该进行怎样的政策性选择了。

对现在的安倍内阁来说，特朗普成为总统是噩梦，但是如果伯尼·桑德斯成为总统，则是噩梦中的噩梦。这是因为，如果是安倍内阁无法理解的美国政治家上台了，那么这些美国政治家所实行的政策也将是他们无法理解的。

我们这些人多少都会考虑："如果特朗普当选了该怎么办？""特朗普究竟对日本有什么要求？""支撑他的逻辑是怎样的？""他支持什么样的情感？"或者说，如果希拉里当选，由于伯尼·桑德斯的支持者众多，所以希拉里必须在一定程度上拉拢伯尼·桑德斯的支持者。这样的话，希拉里可能会实行与桑德斯相似的政策。那么，我们又会考虑："这会是怎样的政策呢？""应该怎样调整其他政策呢？"像这样的政治问题，会不断地涌现出来。

　　思考这些东西令我兴奋不已，因为我能从中汲取智慧。为了了解这些，像我们现在这样，从特里尔出发，一路追随马克思的足迹也是有意义的。

　　"19世纪的马克思是如何看待这个世界的？""对于世界上这些成长过程中的各种各样的运动，他想传达怎样的信息？""他想象中的未来是什么样子的？"赫雷斯博士和石川先生都谈到过这些。

　　让时间回到150年前，亲自到那里看看，暂且放下自己所知道的后来发生的事情，去思考"在未来还是一片黑暗时，马克思考虑的是什么"。如果不这样思考，可能无法理解现在所发生的事情。

　　虽然说得有些笼统，但我确实在思考这些问题，我想归纳一下这些东西。后续会以书的形式再现。

石川发言：19世纪的马克思，20世纪的马克思

　　这是我第一次来欧洲，而我的德国初体验就是漫步特里尔城。抵达宾馆的那天早上，我和室友（也是我的同学，现在在京都当律师）就出去闲逛了。欣赏古建筑，眺望小河……虽然刚7点半，但很多人已经开始工作了：清理道路、广场，摆放店门口的椅子……

　　这时，我想到的是："这是一个每周工作35个小时的国家。"在这个国家，如果没有特殊理由却让人一周工作超过35个小时，经营者会受到处罚。35个小时除以5天，那么每天只需要工作7个小时。如果早上7点就开始工作，那么眼前这些人即使是全职工作者，过了中午也能下班了。

　　虽然每天只需要工作7个小时，但德国的时薪却比日本高出很多，因此德国人的生活比日本人更为富裕。飞了12个小时，来到这样一个与日本完全不同的社会，多么不可思议啊。

　　同时，我还想到"让职员带薪休假是经营者的义务"这件事。前几天，我偶然听一位曾在德国进修的中小企业的经营者说起，一个有着10位员工的店铺，经营者在年初要做的一件非常重要的事，就是确认员工什么时候带薪休假。这也是店铺决定一年经营计划的前提。

　　将人们的生活放在第一位，控制"资本自由"的德国法律

真是了不起。这样做是为了改变经济的状态，确保人类社会的质量。

在这次旅行中，"1848年革命"成为大家谈论的话题。我想应该没有像我们这样一直谈论革命的旅行团了吧。这场革命是德国社会凭借民众的力量，为推翻陈旧的封建身份制，实现符合拥有平等人权的国民意愿的政治，实现议会制民主政治的一次努力。

在1848年革命中，民众虽然失败了，但这场斗争一直在进行，即使经历了魏玛共和国的成立，纳粹政权的建立等巨大的曲折。在这些历史的积淀中形成了今天的德国。

在提到社会发展的时候，关注社会结构、制度问题的同时，还有必要关注建设这个社会的人的能力的发展。

从这个角度去回顾日本近现代，我们会产生这样的疑问："明治维新真的是依靠民众的力量取胜的吗？""大日本帝国宪法向日本国宪法的转变是凭借多数国民的奋斗才得以实现的吗？"虽然国民拥护象征"和平宪法"的第九条，但国民对基本人权的理解究竟有多少，又是如何理解地方自治的呢？这很让人怀疑，而且这一情况直到今天也没有改变。

关于基本人权，以国家保护国民的思想、信仰、职业、迁居等各种自由为中心的宪法被称为"近代宪法"，增加了国家保护国民的生存、教育、劳动等"社会权"的宪法被称为"现代宪法"。然而在日本，民众不是通过斗争获得了这些权利。特别是，民众不明白国家保护国民的生存权（第二十五条）、教育权（第二十六条）、劳动权（第二十七条）、团结权（第二十八条）这些社会权利的重要性。

实际上，朝日诉讼案的"生存权裁判"也并不是通过包括广泛市民在内的社会全体的努力而获得的，第二次世界大战后的工人运动也未能长期重视社会保障。面对20世纪90年代后期出现的"胜者·败者"论、"自己责任"论，社会上并没有立刻产生"不要忘记社会权""国家有保护全体国民的责任"这些正面的反击。我觉得这反映出了历史的弱点。

2015年开始的"我们是主权者""打倒安倍政权"等市民运动的发展，是从以上弱点出发实现的新飞跃。2015年末结成的"市民联合"除了要求废止战争法、撤回与集体自卫权相关的内阁会议决定以外，他们还追求"拥护个人尊严的政治"。以第九条为开端的"保卫和平、民主主义、立宪主义"运动超越了第九条，扩展到了国民的基本人权甚至"社会权"的问题上。

目前，日本社会在进步，个人在政治方面也不断成熟。希望能取得一个很好的结果。这是我早上散步时所想到的。

接下来我们进入正题。今天早上我谈了从赫雷斯先生那里得到的两点启发。在此总结一下：其一，重新明确19世纪的马克思，这是讨论马克思现代意义的前提。其二，马克思和恩格斯的学问并不总是一体的，需要根据事实冷静地看待。

赫雷斯先生再三强调："我是历史学家，所以要从历史中理解马克思。"

之前，我邀请《超译马克思——与黑心企业作斗争的前辈的话》一书的作者纸屋高雪先生参加一个策划活动。当时，我记得纸屋高雪先生说："如果和马克思生于同一时代，我有许多想要向他学习的东西，但是可能不会想和他成为朋友。"带我们参观马克思故居的导游也说："马克思是一个缺乏经济观念的人。"1848年革命失败后，马克思一家曾在伦敦过着极其贫困的生活。

参考资料

玛丽去世，马克思和恩格斯之间
出现友情危机

　　（恩格斯写信告诉马克思其恋人玛丽去世了，马克思对此回信——石川）恩格斯愕然于马克思的冷淡，这封信给两人的友情带来了最大的危机。"由于我自身的不幸以及你对此冷淡的态度，这次，我几乎无法做到更快地给你回信。你也会觉得这是理所当然的事情吧。"……马克思自然深感羞愧。一周后，马克思以自己家庭的悲惨状况为由，写了回信："我不应该给你写那封信。寄完信我就后悔了。但这绝不是因为我薄情。"虽然这种道歉方式有些僵硬，但马克思极少道歉，因此伤心的恩格斯立刻接受了道歉，并回信道："感谢你坦率地和我说了这些。""我和她一起生活了那么多年，所以她的死给我带来了巨大的打击。……你的信寄到的时候她还没有下葬。……这次的信是一种弥补。我最后还是失去了玛丽，但幸好还没失去最好的老朋友，对此我感到欣慰。"

（特里斯特拉姆·亨特《恩格斯：马克思称之为将军的男人》，筑摩书房，2016年，第295—296页）

接下来谈的是马克思与恩格斯的关系。多亏了恩格斯，马克思的《资本论》才能以现在的形式保存下来。马克思在生前只出版了《资本论》的第一卷，是恩格斯从马克思留下来的草稿中整理出《资本论》的第二卷和第三卷。我认为恩格斯在这一点上所起的作用是非常重要的。

昨天，赫雷斯先生谈到了恩格斯是一个什么样的人，其中，他愉快地说道："恩格斯会说20种语言。"的确，恩格斯似乎从年轻时就开始施展其语言才能。欧洲大陆并没有国境的壁垒，很多活动家因逃亡、参加活动不断地转移流动，还有很多人前来会见马克思和恩格斯。基于这些现实需求，恩格斯的语言能力变得更强了。马克思刚搬到伦敦时，还无法完全用英语写文章，恩格斯便在曼彻斯特为马克思翻译原稿。

在学习马克思主义、科学社会主义的时候，比起马克思的著作，大家最先读的应该是《社会主义从空想到科学的发展》《费尔巴哈论》等恩格斯的著作吧。恩格斯还著有《反杜林论》《家庭、私有制和国家的起源》等。我特别喜欢《费尔巴哈论》中对历史唯物论进行生动讲解的那部分内容，前后读了好多遍。

恩格斯是如此伟大的人物，但他将马克思看作第一提琴手，自称第二提琴手。他认为能同马克思并肩作战是一生中最大的幸福。为了给马克思一家提供经济支援，他忍受了20年的资本家生活。在马克思去世后，他停下了自己刚开始做的重要工作——《自然辩证法》的写作，投身于《资本论》第二卷和第三卷的整理工作中。恩格斯是真的很欣赏马克思的才能。反过来也可以说，正因为恩格斯的帮助与经营，马克思才能留下如此伟大的研究和活动成果。

参考资料

▼

与马克思的关系（恩格斯）

……你不必为我的健康担心。……不幸的倒是，自从我们失去了马克思之后，我必须代替他。我一生所做的是我注定要做的事，就是拉第二小提琴，而且我想我做得还不错。我很高兴我有像马克思这样出色的第一小提琴手。当现在突然要我在理论问题上代替马克思的地位去拉第一小提琴时，就不免要出漏洞，这一点没有人比我自己更强烈地感觉到。而且只有在时局变得更动荡一些的时候，我们才会真正感受到失去马克思是失去了什么。

我们之中没有一个人像马克思那样高瞻远瞩，在应当迅速行动的时刻，他总是作出正确的决定，并立即切中要害。诚然，在风平浪静的时期，有时事件证实正确的是我，而不是马克思，但是在革命的时期，他的判断几乎是没有错误的……

（恩格斯致约翰·菲力浦·贝克尔的信，1884年10月15日）[1]

---

[1]《马克思恩格斯选集》第4卷，人民出版社2012年版，第571—572页。

下面想和大家谈谈我的一些尚未成型的想法。虽然《新马克思恩格斯全集》还在出版中，但《资本论》的草稿已经全部被翻译成日语，也就是大月书店出版的《资本论草稿集》（全九卷）。当赫雷斯先生得知《资本论》的草稿已经全部翻译成日语时，他十分惊讶，随即说出"大谷"这一名字，他说："这是大谷做的吧？"

大谷指的是法政大学的名誉教授大谷祯之介先生。他不仅翻译了《资本论草稿集》，还参与了《新全集》的编辑工作。事实上，除了大谷先生以外，还有其他日本学者参与了《新全集》的编辑，他们精力充沛地进行着研究工作。

日本在第二次世界大战前就已经开始翻译马克思和恩格斯的著作了。最初的《马克思恩格斯全集》是由改造社翻译的（1928—1935年），但是中途被叫停了。虽然如此，但至少在第二次世界大战前，在那个受到严厉镇压的年代，日本曾经做过那样的努力。据说，日文版共32册。第二次世界大战后，大月书店出版了《马克思恩格斯全集》（实际上是"选集"）。

当时只有德国、俄国、英国和日本等国的人，能够用自己的母语阅读马克思。在第二次世界大战以前，日本的运动和研究就有这样的文化：用自己的语言来研究马克思和恩格斯的思想。

赫雷斯先生曾提到第一国际（国际工人协会）。之所以叫作"第一"，是因为后来还诞生了"第二"，为将二者区别开来便称其为"第一"，并不是他们最开始就自称"第一"的。此外，马克思的同伴也不是最初就聚集在第一国际中。

在欧洲，随着资本主义的发展，贫富差距以工厂周围形成贫民窟等形式蔓延开来，因此出现了各种各样的运动：资本主义的部分改革、跨越资本主义的社会摸索等。马克思通过成立第一国际，逐渐统一了这些种类繁多的潮流。这体现出了马克思极其出色的才干。

当时，德国的拉萨尔派、法国的蒲鲁东派认为工会及其工资斗争是革命运动的阻碍，对它们持否定态度。为了反驳这些观点，马克思写了《工资、价格和利润》。这是马克思经济理论最好的入门书。此外，在这场论战中，马克思的观点成功地获得了大多数人的赞同，这对现在工会运动的发展也有极大的意义。

但是，就连马克思也需要费一番功夫才可能抹去赫雷斯先生称之为"南欧激进派"的巴枯宁派的影响。巴枯宁作为"无政府主义者"为世人所知。他的"无政府"姿态非常彻底，甚至对政治领域斗争本身表示否定。马克思与众多同伴分享第一国际越来越成熟的运动和思想，同时为了避免巴枯宁派夺取组织，他决定将本部转移到美国作战，以使巴枯宁派悄悄"断气"。

　　第一国际从1864年持续到1867年，但是1872年召开了决定将本部转移到美国的海牙大会，因此第一国际的实际活动时间是从1864年到1872年，共持续了9年。

　　第一国际就这样结束了，但是它的思想被传承下来，工人运动进入新的阶段。以通过政治斗争夺取工人政权为目标的政党在各国纷纷成立。在第一国际时代，只有与马克思的观点相对立的德国拉萨尔派，而这个唯一的工人政党并没有加入第一国际。但在这之后，各个国家都诞生了或多或少受到马克思主义影响的政党。1868年诞生了德国社会民主工党，1879年诞生了法国工人党。

　　马克思在《工资、价格和利润》中提到，"工会"应该为革命而用。这是现代人在阅读这本书时会感到疑惑的地方：工会运动和革命运动不是完全不同层次的东西吗？马克思这样说是因为这篇文章的原稿写于德国社会民主工党诞生的三年前，是在全体工人的社会改革运动分化为工会运动和政党运动以前。

　　马克思的文章与当时的历史局势是相对应的。现在说起"工人运动"，大部分人想到的是"工会运动"，但是在那个时期以前，马克思所说的"工人运动"包含革命运动，是个意义更广泛的词。为了让人们更容易理解，也有人提议用"劳工运动"一词进行区分。

　　我们再回到"19世纪的马克思、20世纪的马克思"这个问题上来。实际上,"19世纪的马克思"也不是单一的。当然,年轻的马克思和成熟的马克思所研究的内容是不一样的。马克思29岁写的《共产党宣言》和他49岁出版的《资本论》第一卷之间,有着近20年研究积累的差别。即使是"19世纪的马克思",其中也包含了"马克思的成长历史",这体现在《资本论》的"草稿集"中。

　　马克思经常在后一个阶段否定并超越自己前一个阶段所写的东西。整理《资本论》第二卷和第三卷的恩格斯也感到很混乱。在今天,区分《资本论》第二卷和第三卷中马克思思考的"终点"和"过程"都是一个重大的研究课题。要在马克思成长的历史中解读"19世纪的马克思"。其实,不仅在理解马克思时需要这样,在理解迅速发展的学者的思想时也需要这样。我认为这一点是不应该忘记的。

对谈和质疑

内田：谢谢石川先生的发言。

石川：现在可以提问了。（笑）

读懂马克思是我们的使命

内田：刚才石川先生说了，只有俄语、英语和日语版的马克思译本是完整的。不过，我们写的《青年们，读马克思吧!》一书刚出版，韩国的出版商就来洽谈版权了。我们也确实出版了韩语版的《青年们，读马克思吧!》。

韩国在第二次世界大战前是日本的殖民地，那是治安维持法的年代，自然不能读有关马克思的东西。战争结束后，韩国又在北方起战事，因此作为反共据点的韩国出台了《反共法》。到1980年为止，持有、阅读及发行与马克思相关的东西都是被禁止的。

　　我经常去韩国做演讲。在第一次旅行中，我认识了一位朴先生。朴先生在首尔大学经济学部读研究生时，非常想知道马克思主义为何物，于是他便买了复印版的《资本论》。他还没来得及读这本书便被逮捕了，最后被判15年徒刑。虽然13年半后他出狱了，但当时确实只因为持有《资本论》，朴先生就置身于那样的环境中。20世纪80年代以后，虽然取消了反共法，但因为经历过那样的历史，韩国基本上没有解读马克思主义和马克思文献的能力。

　　极端点说，没有解读马克思能力的社会基本上无法理解来自欧洲的社会科学。因为大部分的社会科学，特别是19世纪以后的社会科学，不是在某些地方参考了马克思主义，就是强烈反对马克思主义。还有像卡尔·波普尔、哈耶克等这些以马克思为假想敌构建理论的人，如果不知道马克思讲的是什么，也就无从知道哈耶克为什么生气，完全不能理解他的意思。为了理解哈耶克就必须理解马克思，这就是19世纪的社会科学。

　　在这方面，我们能够相对容易地获得与马克思相关的文献，也很容易读到日本人对此进行的相关研究。我们就是处于这样的环境中。

　　但是实际上，亚洲有没有能够自由讨论马克思的环境呢？姑且不论韩国。韩国近几年终于开始慢慢翻译与马克思相关的东西了，但是应该还没达到能够直接将原著翻译成韩语的水平吧。因此韩国主要还是读经过日本翻译的东西。

在东亚，日本学者能够站在自由的立场对马克思进行研究，发表与之相关的言论并阐述自己的见解。重要的是，面对这种情况，不能产生"我们有优势，真是幸运"这样的想法，而应该将其看作我们的一种使命。

虽说除了日语版的马克思译本，俄语版和英语版的马克思译本也比较完整，但是我不认为将马克思的著作翻译成俄语的人会把这当作一种使命。至于英语，马克思本来就有用英语写的作品，而且马克思一直在伦敦活动，所以英语国家的学者们大概也不会产生"使命感"吧。

尽管文化背景、语言完全不同又相去甚远，但日本仍然拼尽全力将马克思变为自己血肉的一部分，以自我超越的方式去接近马克思，这是值得自豪的。虽然我对日本有诸多不满，但日本偶尔也有值得表扬的地方。

重视马克思，重读马克思

内田：自称共产党的政党在国会占有相应议席的国家可能只有日本和法国吧。就连英国共产党也不占有议席，德国没有称为共产党的政党。俄罗斯共产党在国会占有议席吗？

松竹：是一个联盟政党，虽然不能称之为共产党，但是占有议席。

　　内田：这样的话，好像日本和法国的马克思主义政党还继承着马克思主义传统，不断重新解读、革新马克思，并在国内拥有一定政治势力。

　　大家可能会以为世界各国都同样在读马克思，日本人只是其中的一部分，但实际上并不是这样的。对马克思的研究，从明治时代拼命翻译社会运动文献的前辈们开始，一直延续到现在，从未中断过。虽然日本也经历了治安维持法时期，但研究只是转入地下，并没有中断。这种研究马克思的传统是非常重要的，是日本的一种文化遗产——我称之为遗产。

　　会场：（笑）

　　石川：这种传统得以延续下来，真是太好了，哈哈哈。

　　内田：我觉得这是一种财富，必须好好珍惜。大家觉得怎么样？

最大的焦点是斯大林

　　石川：接着刚才的话说，从"19世纪的马克思"到"20世纪的马克思"，其内容为什么会有那么大的不同？"20世纪的马克思"为什么会在全世界广泛普及并渗透到人群中去呢？我认为要弄明白这些问题，最大的焦点是斯大林。

　　1924年列宁去世后，斯大林开始清除参与俄国革命的列宁的战友。斯大林还想让敬爱马克思、恩格斯的人也敬爱自己。

　　斯大林一方面将马克思、恩格斯相对化，宣称它们是20世纪帝国主义时代不通用的旧马克思主义，另一方面，他将自己同列宁一起定位为完成俄国革命的先驱，并广为宣传。

参考资料

▼

马克思和恩格斯是过去的人（斯大林）

　　马克思和恩格斯是处在革命（我们指的是无产阶级革命）以前的时期，那时还没有发达的帝国主义，是训练无产者去进行革命的时期，那时无产阶级革命还不是必不可免的直接实践问题。而马克思和恩格斯的学生列宁却处在发达的帝国主义时期，无产阶级革命开展起来的时期，无产阶级革命已经在一个国家内取得了胜利，打破了资产阶级民主制，开辟了无产阶级民主制纪元，即苏维埃纪元的时期。

　　正因为如此，列宁主义是马克思主义的进一步的发展。[①]

---

① 《斯大林选集》（上），人民出版社1979年版，第185—186页。

用脑袋思考，追求自主独立

石川：这个时期，苏联要求日本共产党进行"武装斗争"。虽说是"武装斗争"，但日本共产党并没有在美国的占领下拿起"武器"。于是，日本共产党组织了"山村工作"等"游击战"——实际上只是思想教育。日本共产党在这样的道路中迷失了自己。结果，在1949年的总选举中获得35议席的日本共产党在1952年失去了全部议席。

1952年，美国结束了对日本形式上的占领。之后，两国签订了《日美安保条约》，事实上美国继续占领着日本。1953年斯大林去世后不久，朝鲜战争就进入了休眠状态。日本共产党也一点点克服分裂，逐渐恢复统一。

在1958年的第七次大会上，共产党正式恢复统一。重要的是，在这次大会上，日本共产党确定了无论何时都不从属他党他国的"自主独立"的路线。当然，其中自然包括不将斯大林、苏联绝对化的态度。自此，日本共产党成为以苏联为中心的世界共产主义运动的"异端分子"。

日本共产党对此进行了总结，终于找到"不屈服于斯大林，不从属于任何人"的"自主独立"的路线。经历了这些，日本共产党学会了"用自己的脑袋思考"。

这之后，日本共产党也对斯大林、苏联的思想和政治体制进行了深入研究。在苏联解体后，日本共产党立即给予评价。当时日本共产党还喊了"万岁"。日本共产党将其总结为科学社会主义运动的阻碍者的崩溃。

说"历史真是有趣"过于冷淡了，但是不能"因为这是马克思主义，因为自称共产党，所以就应该这样思考"，而应该基于事实去把握历史。

内田： 对，还有许多偶然要素。

松竹： 差不多到提问时间了……

内田： 是啊，那接下来进入提问环节。

《资本论》与恐慌论

会场： 恩格斯是从草稿中摘取了自己的观点，还是对草稿进行了取舍选择呢？最近，《新全集》研究兴起，学者们纷纷开始进行比较对照。如果没有恩格斯，单凭马克思一个人是无法出版《资本论》的第二卷和第三卷的，因此我认为，我们有必要将这视为一个伟大的功绩。石川先生您是如何看待恩格斯在理论方面，特别是他在出版《资本论》第二卷和第三卷时所发挥的作用呢？

石川：《资本论》第二卷和第三卷能够保存下来，的确是恩格斯的一大功绩。否则，我们可能到现在还只能读马克思留下来的凌乱草稿。

在承认这一点的基础上，最近的研究表明，恩格斯所编辑的第二卷和第三卷并不总是恰如其分地反映马克思研究的"终点"。于是就产生了这些问题："马克思究竟在思考什么？""恩格斯为什么对其进行这样的总结整理？"

赫雷斯先生指出了有关"利润率趋向下降"的问题。除此之外，日本研究指出的一个大问题与恐慌论有关。

马克思留下了八份《资本论》第二卷的草稿，而第三卷的草稿基本上只有一份。马克思把自己想到的东西原封不动地写在了草稿中，因此同一草稿上经常会出现完全不同的观点。此外，因为有八份草稿，所以恰当地总结归纳并不是件容易的事。

在整理第二卷时，恩格斯没有用最初的草稿，也就是第一份草稿。可能恩格斯觉得最初的这份草稿还不够成熟吧。但是，第一份草稿中有其他草稿中所没有的，关于"恐慌运动论"的记述。

很遗憾，由于这份草稿没有被采用，现在的《资本论》中虽然有恐慌的"抽象可能性"和"原因"，但是并不包括恐慌是如何体现出来的这一运动机制的内容。因此想要掌握马克思"恐慌论"的全部内容，就有必要在现行《资本论》中补充第二卷第一份草稿的内容。就连恩格斯也没能如此透彻地读懂草稿啊。

那么，马克思本想把这个"运动论"放在《资本论》的哪部分呢？这也是一个大问题。在我年轻的时候，关于《资本论》全三卷的构成，社会上有这样一种比较权威的观点：第一卷是为了生产的生产，第二卷是为了消费的生产，第三卷主要讨论生产和消费的矛盾。

以此理解为基础，"恐慌运动论"作为矛盾具体展开的过程，按道理应该放入第三卷，但是马克思却将这部分内容写在了第二卷的草稿中。草稿上还留有让人觉得马克思计划将这部分内容放入第二卷第三篇的笔记。如果将这部分内容放入第二卷，那么"第三卷讨论矛盾"这种对《资本论》全体结构的理解也将发生很大变化。这是一个因恩格斯的编辑而产生的典型问题。

斯大林是关键人物

会场：内田先生，我有一个请求。由于马克思对美国的援助和贡献，19世纪起美国的工人运动发展迅速。美国和苏联在第二次世界大战时还是同盟国，但是"冷战"开始，美国敌视苏联，而另一方面美国共产党却追随斯大林。在这错综复杂的历史当中，美国曾一度拒绝接受马克思。这样的时代确实存在。请您务必总结一下与此相关的研究。

内田：好的，了解！

会场：内田先生刚才讲到了美国和马克思主义的关系，我觉得非常有趣。我个人也在思考，加拿大是不是也在其中起到了一定的作用呢？

我曾读过都留重人老师所写的一段文字：

> 加拿大有很多以马克思主义为基础的学派，而这些学派在学术方面对美国造成了一定的影响。

日本的山本宣治在加拿大留学时，也因同加拿大共产党的关系而成为共产主义者。加拿大的国民健康保险是全民保险，不同于美国野蛮的利用制度。但是在图书等印刷出版物中却几乎没提到加拿大在其中的作用。请您继续给我们说些有关这方面的东西，我觉得这会很有趣。

内田：加拿大啊？

石川：这下麻烦了。（笑）

内田：嗯……要求渐渐变多了呢……

会场：日本是美国的附属国，但在另一方面，美国共产党则是从属于苏联共产党的政党，斯大林的影响真的很大。世界上许多国家对斯大林评判进行了准确的总结，我认为能否把握住马克思主义和共产主义这一点是非常重要的。胡佛、麦卡锡等人也最大限度地利用了斯大林式的共产主义。我觉得很有必要从这个角度出发开展相关研究，您觉得呢？

内田：对，我也这么认为。斯大林是个很关键的人物！

石川：的确。

年轻人阅读马克思

会场：我想说的可能和前面的内容关系不大。我来自京都大学。怎么说呢，京都大学还保留着阅读马克思的文化（笑），虽然还没有完全消失，但是现状不容乐观……

内田/石川：哈哈哈……

会场：虽然我们鼓励"青年们，读马克思吧"，但总感觉"读马克思的人有点……"二位希望青年们如何读马克思呢？我也读了这本书，觉得其中有些难以理解的地方。比如您二位应该经常和SEALDs的成员在一起吧，我想问一下，你们希望他们如何读马克思呢？

内田：他们似乎没有在读呢。

石川：嗯……我遇到过正在读《青年们，读马克思吧！》和我的那本《略知马克思》的人，但如果换成读马克思本身，会是什么样的情况呢？

内田：可能完全不会去读马克思本身吧。当然，我并不是要求大家去读马克思，而是希望大家可以跟随自己的内心，根据自己的喜好来做这件事。自己独立思考，可能到了某个阶段就会自发地想去了解所有东西，那个时候可能也就会去读马克思了吧。至于到那时，人们该怎样读马克思，我觉得因人而异。

现在已经基本没有人会来强迫我们"必须这样读马克思"了。但在我们的学生时代，如果说话不谨慎，就会以"你完全没读懂马克思"的理由让你倒大霉，现在不会有人说这样的话了。我想我们目前处在一个能够自由阅读的环境里吧。我觉得这很重要。

我在《青年们，读马克思吧！》一书中所做的也是随心阅读这件事。这本书所呈现的我的解读，如果放在20世纪70年代，是绝对不被允许的。但现在这样做是没有问题的，所以我才能够写这样一本书。

我特别喜欢马克思发散思维的方式，马克思的修辞、幽默以及讽刺都具有飞跃性。虽然大家认为"因为……所以……""这些之间没有关系啊"，但是马克思总能强行使它们产生关联。

虽然马克思能够凭直觉明白这些，但是没有对此进行论证。虽然是凭借直觉走到这一步的，但在那个时候没有人能够走得那么远吧。坦率地说，我很敬佩马克思的才华，他真是个天才。

之前我也写过，列维·斯特劳斯在写书前总会拿出马克思的《路易·波拿巴的雾月十八日》，读几页再动笔。可能读了马克思就能受到鼓舞激励吧。受到激励后，即使是懦弱的人也能够立下志向、充满干劲。

从马克思那里得到的并不是内容上的指点，而是一种让人变得精神抖擞、充满活力的力量。我不知道具体是什么东西，大概是智慧的力量吧。这是拥有别人所没有的超人般智慧的人在熟练分析眼前事物时的"力气活儿"，真是令人神往啊。怎么说呢，就好比看到一个饭量很大的人狼吞虎咽地吃完一碗盛得满满的炸猪排饭，不禁感叹"啊，原来人也能那样吃炸猪排饭啊"。

会场：（笑）

内田：这种感觉就像看得入迷从而不由感叹"真厉害啊"，我举的这个例子可能不是特别贴切，但是知道人类有这样的能力之后，我觉得又有了希望，还是值得期待的。我很少一边记笔记一边细致地阅读。不过，石川先生就是这样阅读的。

会场：（笑）

内田：虽然我不是这样阅读，但我觉得这样的读法也挺好的，因为这也是为了得到激励。

石川：京都大学的人读的马克思究竟是"19世纪的马克思"，还是"20世纪的马克思"呢？可能有必要确认一下。因为读的内容不同，他们在大学里的发言、行为等也会有很大差别。

此外，虽然我们提倡"青年们，读马克思吧"，但并不是强迫青年"必须这样读"或"必须那样读"。相反，我们希望年轻人自己去判断，这是大前提。我打算总结一下我的读法，但不会要求大家都以相同的方式去阅读。

我觉得不同的人读，得到的东西也就不同。我是抱着这样的想法向大家推荐的。如果要求"必须以这样的方式阅读"，那可能就会成为不令人看好的"21世纪的马克思"了。

会场：我来自荷兰。前些日子我从网上得知二位会在法兰克福进行对谈，便赶来参加了。您二位的读法十分相称，让我获益匪浅。

虽然我的生活与马克思主义及相关文化没有交集，但正如二位刚才介绍的那样，荷兰人享受着很多人用鲜血换来的成果，拥有短时间内就能获得相应收入的生活。在这一点上，我觉得马克思是我现在生活的一部分，这很有意思。

我出生在日本，并在日本生活了大约20年。刚才听二位提到日本在对马克思主义的理解上存在着一些问题，我觉得这和荷兰的现状是相同的，我非常理解。

荷兰可能也有共产党，但没有什么势力，一个名为SP的社会主义政党正在不断发展。我很赞同这些左翼人士的主张，在荷兰我是少数派（这里是指在荷兰的日本人不多。——译者注），所以我觉得这些人的主张守护了很多东西。

　　极右政党诞生后，喊着"摩洛哥人、土耳其人、排斥"的口号，我也处于被排斥的阵营中，所以我希望与左翼的人联手，以地域居民的身份去作斗争。

　　我将这种想法与您二位书中的内容以及这次对谈的内容相对照，深受感动。

　　内田/石川： 谢谢。

　　会场：（拍手）

2

格林篇
德国三月革命与
法兰克福宪法

法兰克福教堂入口处的总统名言

倾听指南

三月二十五日续

我们到法兰克福了。这是聆听池田香代子女士演讲的好机会。

在计划这次旅行时，最开始我是想去科隆的。从柏林大学毕业的马克思，在《莱茵报》工作期间一直住在科隆（1842—1843年）。马克思后来迁居巴黎（1843年以后）、布鲁塞尔（1845年以后）。1848年3月，德国爆发革命，马克思再次来到科隆，自己创办了《新莱茵报》。科隆，在连接马克思的革命运动这一点上，是个绝佳的地点。

《莱茵报》是德国资产阶级为谋求宪法制定而发行的报纸。1789年法国大革命后，法国制定了宪法。随后，欧洲各地纷纷兴起了以制定宪法为目标的运动。在德国，拜仁州等地也纷纷制定了宪法。

　　但是，作为德国中心的普鲁士的国王并没有响应资产阶级制定宪法的要求。之前已经介绍过了，普鲁士内部的科隆等莱茵兰地区深受法国的影响。此外，该地区还有莱茵河这一物流据点，资源丰富，是工业中心地，而且工业革命也在德国迅速地展开。

　　这里的资产阶级力量比较强大，他们创办报纸（1842年1月），要求制定宪法。于是，正在找工作的马克思便被招进了编辑部（马克思于1842年10月担任主编）。负责报纸发行的资本家中有一个叫康普豪森的，他是科隆银行的创立者，也是当地商会的主席。

　　马克思最初有一篇论文写的是对普鲁士审查制度的批判。马克思在这一时期虽然还没有形成共产主义思想，但他一直很重视与普鲁士封建制度的斗争。有这种倾向的《莱茵报》逐渐与君主制产生了冲突，1843年1月，《莱茵报》被禁止发行。

　　当时的欧洲需要一种什么样的宪法呢？对此，主要存在两种意见：英国式的君主立宪制宪法和法国式的共和制宪法。迁居巴黎、布鲁塞尔的马克思从《莱茵报》的经验中得出了"绝对不能保留君主制"的观点。马克思认为，如果保留君主制，那么"是君主主权还是国民主权，将成为一个问题"，并且这两者是很难达成和解的。

　　接着便到了1848年。德国三月革命爆发，马克思投身革命运动，再次来到科隆。在科隆，马克思发行了《新莱茵报》，主张在普鲁士乃至全德国实现共和制的宪法，而不是君主立宪制的宪法。

科隆有一个"古文书馆"，馆内保存着《新莱茵报》等资料。但是在几年前，这个古文书馆突然崩塌了。这次"倾听马克思之旅"前，我一直在祈祷，希望能在某个地方看到这些资料的展览。很遗憾，这个愿望没能实现。

正当我不知去哪里才好时，池田香代子女士加入了这次旅行，于是我们立即决定去法兰克福。因为以制定全德国规模的宪法为目的的宪法制定议会（法兰克福议会），正是在法兰克福的圣保罗教堂召开的。

格林兄弟在制定宪法的过程中起到了关键作用，而池田女士就是专门研究格林兄弟的学者。

在这里，我们一定要聆听一下池田女士的演讲。虽然在前往法兰克福的大巴中做演讲不太舒适，但是接下来拜托您了。

池田香代子演讲

我与马克思，我与雅各布·格林

作为新闻记者，马克思写了许多有关1848年革命的文章。1848年革命中诞生了法兰克福宪法，而格林兄弟中的哥哥雅各布·格林在制定该宪法的过程中发挥了很大的作用。这就是我想参加此次旅行的原因。我一直在翻译格林童话，也在做格林童话的研究。格林，不仅仅是创作童话集的人。我想和大家谈谈这方面的事情，所以参加了这次旅行。

我不太了解马克思，因此也不能完全理解昨天赫雷斯先生所说的话。赫雷斯先生昨天反复强调"因为我是历史学家""作为历史学家"等，令我印象深刻。

正如石川先生和内田先生所说的那样，马克思试图用自己的思想去改变现实，试图将自己的思想应用到现实中。《共产党宣言》问世不久就爆发了革命，这或许在某一方面是符合马克思的逻辑的。但是，在将思想应用到现实的时候，可能就不那么顺利了，因为实际情况是非常复杂的。

其实，马克思观点中能够应用的部分，只有某些片段被保留了下来。我们将这些试验暂且放在一边。现在我们回顾马克思，在马克思所处的历史潮流中理解马克思，这对我来说非常新鲜，很有意思。赫雷斯先生的观点对内田先生和石川先生来说也容易接受，因此我觉得他的观点很吸引人。

在这里，我再次表示感谢。

我与《资本论》

刚才也说过，我对马克思不太了解。我只读过马克思的《共产党宣言》《路易·波拿巴的雾月十八日》和《资本论》第一卷。其实，对我而言，曾经有一件不可思议的事——我差点就翻译了马克思的《资本论》第一卷。

筑摩书房出版了名为《马克思珍藏本》的七卷选集。策划这个选题的是三岛宪一先生和今村仁司先生。2000年的时候，三岛先生邀请我和他们二人一起翻译《资本论》第一卷。二人明知我对马克思不太了解，但还是邀请我一起翻译。我告诉他们我只看过马克思的三部著作（刚才说过的那三本），而且连这三部的内容也完全不记得了。但是他们却对我说："没关系，我们会教你的。"我曾经翻译过《苏菲的世界》，那是欧洲哲学史的幻想性文学作品。他们似乎很欣赏我对这部作品的翻译，认为翻译得通俗易懂，而他们想要出版的就是一本通俗易懂的马克思译本。听了这话，我不禁再次打心底佩服这些搞学术的大师。

接着我陷入了非常苦恼的境地：如果不抓住这次当代一流思想研究者亲自教导的机会，我应该不会再有机会好好学习马克思了吧；但是出版日程已经确定，而我手头又有很多工作，我觉得自己无法在规定时间内完成任务；再加上能力有限，接下这个翻译工作也只会给大家添麻烦。思来想去，我还是忍痛放弃了。我就这样与马克思"擦肩而过"了。

那里烧书，那里焚人

格林身边有一个叫海因里希·海涅的诗人兼记者。海涅也是将马克思和格林联结在一起的人物。

出生于1797年的海涅因为写了很多批判政治和社会的文章而被警方盯上。再加上他是犹太人，在德国的活动变得越来越艰难，于是在1831年，他流亡巴黎。1835年，海涅甚至被禁止在德国出版著作。海涅曾说过："他们在那里烧书，最终也将在那里焚人。"正如大家所知道的那样，100年后，纳粹德国将海涅的"预言"变成了现实。

《莱茵报》废刊后的1843年,马克思流亡巴黎,并在巴黎与海涅相遇。不久,海涅开始为马克思和阿尔诺德·卢格创办的《德法年鉴》撰稿。原来,在中学时,马克思就很崇拜海涅,而且他们同是犹太人。

同时,海涅喜欢阅读格林的作品,非常尊敬格林兄弟。格林兄弟住在卡塞尔,海涅30岁时曾前往卡塞尔拜访格林兄弟。海涅特别喜欢读雅各布·格林的《德意志神话学》。他将这本书读透后创作了《流亡中的众神》。

雅各布·格林认为,古代的神话逐渐失去了信仰,神话中只剩下一些片段。现代的研究观点认为不可一概而论,但雅各布从这种观点出发创作了《德意志神话学》。

海涅的《流亡中的众神》讲的是:希腊神话里的众神落魄了,在与海涅同一时代的德国社会的一隅苟且偷生。比如希腊神话中讲到卡隆的渡船,隔开冥世和现世的冥河渡船船夫卡隆在现在的莱茵河上做渡船船夫(我们刚才也坐渡船渡过了莱茵河)。大家有没有想到哪首歌?对,就是中岛美雪的《地上之星》,你们不觉得这两者的寓意非常相似吗?但是我不知道中岛美雪有没有读过海涅的作品。

马克思的严厉批判

格林兄弟，是指哥哥雅各布·格林和弟弟威廉·格林。哥哥出生于1785年，威廉出生于1786年。从年龄上来看，海涅出生于1797年，比格林兄弟小了十一二岁。而马克思比海涅小21岁，也就是说，海涅和马克思在巴黎意气相投时，马克思25岁，海涅46岁。

在德国1848年革命中，法兰克福国民议会诞生，由此开始讨论制定以统一德国为目的的宪法。马克思从流亡地巴黎回到了科隆，出版发行《新莱茵报》。

我想谈谈格林在法兰克福议会和宪法制定中所起的作用。那时，马克思30岁，格林兄弟60多岁。说到马克思是如何看待法兰克福议会的，那可能会让大家失望了。马克思和恩格斯在《新莱茵报》上写了很多有关法兰克福议会的文章。

在参加这次旅行之前，松竹先生送给我三卷《马克思恩格斯全集》，建议我读一下。我读了相关的部分，发现他们二人对法兰克福议会和宪法采取了批判的态度。比如"快制定一个完善的宪法吧！""快进行一场像样点的资产阶级革命吧！"他们好像在说："难道完成不了资产阶级革命吗？这之后本该进行我们压轴的革命！太差劲了！"这些批判如果说得好听点是大声激励，但给我的感觉就是破口大骂。

马克纸币上的格林肖像

大家对格林的印象可能仅仅停留在《小红帽》等童话故事上。但实际上，这两个人具备当时自由主义市民健全而卓越的见识，是近代德国国民国家的象征性人物。所以，我想简单说一下为什么雅各布·格林与法兰克福国民议会紧密相关。

现在，请大家在大巴内传阅欧元流通以前的德国马克纸币。这张1000马克的纸币是德国最高面额的纸币，上面印有格林兄弟的肖像。当时，1马克相当于70日元，所以1000马克就相当于7万日元。在德国，格林兄弟是受到极高评价的人物。

他们生活在什么样的时代呢？他们是法官的孩子，在卡塞尔出生并长大。雅各布写过回忆童年时代的文章，十分有趣。文章中写道，"路德教的人让人感觉很疏远。千万不能同天主教的人说话"等。当时是身份制社会，所以从服装上就能判别对方属于什么教派。格林一家属于加尔文教。在成立国民国家以前，教会共同体、宗教共同体的意识远强于国家或公国意识。此外，雅各布还写道："小时候，我们都认为黑森公国的国王是德国最优秀的国王。"这是格林兄弟童年时代留下的印象。

当兄弟二人刚刚懂事时，邻国法国在1789年开始了革命。后来，他们从大学相继毕业，但当时黑森公国已沦为法国的傀儡国家，拿破仑的弟弟热罗默担任国王，所以二人没有找到工作。无奈，他们只能在热罗默国王的图书馆内担任秘书以糊口。就这样，二人一边做着秘书的工作，一边收集、整理童话集。

壮年时期，兄弟二人特别是雅各布，着手与封建反动势力作斗争；晚年时期，兄弟二人担任了柏林大学的教授，但那时毫无自由主义可言的普鲁士成为德意志的中心，他们在近代国民国家形成的过程中去世了。

即将到来的德国

我先来说说童话吧。有关格林兄弟收集童话的理由，一直有这样一种说法：为了表明"即使被外国占领，德国这个国家还是存在的，德国不灭"，格林兄弟才出版了童话集。

但这是不合逻辑的。为什么这么说呢？因为当时并不存在统一的德国，德国被普鲁士、拜仁州等众多领邦所分占。此外，我们也知道分裂的德国被抢先建立起国民国家的法国打败，人们觉得德国也应该像法国一样建立统一的近代国民国家。大家应该听说过费希特的《对德意志民族的演讲》吧。费希特在拿破仑占领下的柏林进行了演讲。正如演讲时所看到的那样，当时的知识分子都认为必须早日建立国民国家的德国。

在这样的大背景下，格林兄弟着手收集童话。这不是为了表明德国不灭，而是为了表明那些相信势必到来的德国共同体的人是传承着这些民间故事的人，这样才能够在童话文集中展现近代德国国民国家的样貌。

当时，除了童话集，还有人在收集民谣。民谣率先被编辑成文集，后来马勒等人又为其谱曲，喜欢音乐的人应该知道，就是民谣集《儿童的奇异号角》。

为什么要收集民谣和民间故事呢？因为在土地相连、彼此相邻的欧洲，即使要统一德国，也无法贸然定义从哪儿到哪儿是德国，也无法定义谁是德国人。在这种情况下，便兴起了语言民族主义的观点。格林等人以这种观点为基础展开了研究。

这里需要解释一下。北德和南德的语言相差很大。我在德国留学时，先在波恩大学学习德语，之后转到了南德那边的大学。刚转到那边的时候，我发现人们完全听不懂我的德语。我想北德和南德的语言在以前应该更加不通。我们可以考虑为语言民族主义。北德的德语和南德的德语在很久以前可能是同一种语言。德语原本只有一种，从原德语中分化出来的可能就是现在不同地域的德语。

以这些想法为基础，语言史研究就此展开。格林兄弟，特别是哥哥雅各布·格林，对语言史进行了研究。他从中发现了子音的历史变迁，后人称之为"格林定律"。这一定律经过学者们的不断完善，沿用至今。

致力于童话的收集

格林兄弟是法学部的，所以也学习法制史。虽说是法制史，但不是学习罗马法——在罗马诞生的民法、刑法等被系统制定出来的法律体系，曾在欧洲通用——而是研究部族的习惯法。此外，他们还研究北欧的英雄叙事诗，比如埃达、萨迦等。在这一时期，格林等人主要研究的是民俗学。

"说德语的人是德国人"，这是语言民族主义的观点。也就是说，其判断标准不是书面语言，而是口头语言。这种观点将民众的口头语言作为共同体正统性的依据。民众的口头语言文化成果主要有民谣、民间故事、传说及谚语。所以，在那个时代，除格林以外，还有很多人也在收集这些。格林兄弟还研究习惯法、语言史、法制史、古代文学，以及研究文献的文献学。以上这些学问叫作日耳曼学。

现在所说的日耳曼学仅仅指的是德国文学，而格林兄弟所命名的日耳曼学指的是日耳曼语言学，是为了探究什么是日耳曼民族（也就是德国）的学问。童话收集作为其中重要的一环，是一种战略性学问，是在政治上与时代紧紧相连的学问中的一环。虽然不是只有格林兄弟提倡基于语言民族主义来实现德国统一，但这是在格林兄弟二人进行了大量研究实践的基础之上实现的，从这一点来说，没有人比得过如此努力的格林兄弟。

哥廷根大学七教授罢免事件

接下来是有关格林和宪法的内容。格林兄弟与宪法有两次交锋。特别是哥哥雅各布·格林，他与宪法有着很深的关系。

第一次，是格林兄弟在哥廷根大学任职时发生的事件。在那个时代，德意志的各个国家都兴起了制定宪法的运动，既有制定了宪法的，也有没制定的。

格林兄弟在哥廷根大学任职时，哥廷根大学所在的汉诺威王国有一部于1833年制定的自由主义宪法。但是，二人刚任职不久，汉诺威王国就换了国王，新国王非常反动，甚至声称要废止宪法。

最近，在某个国家发生了这样的事件：在野党要求召开国会，而首相却以"出国旅游"这个不能成为理由的理由没有召开国会。在依据宪法必须召开国会之时，不召开国会就是权力的失控。

回到刚才的话题。在这个时候，新国王不召开国会，实际上就是暂停宪法的效力。此外，公务人员就职时，原本是对宪法宣誓，而新国王要求人们向国王个人宣誓。哥廷根大学的七位教授对此进行抗议。他们主张自己是"向宪法宣誓后才在大学任教的，无法做到重新向国王个人宣誓"。

国王当即罢免了其中三个中心人物并将他们驱逐至国外，

剩下的四人也被停职了。这三人中的一人便是雅各布·格林。弟弟威廉是剩下的四人中的一人。雅各布等人被放逐的时候，他们的学生被军队控制，进退两难。尽管如此，学生们还是以火炬游行的方式目送三位跨越国境的教授。这就是哥廷根大学七教授事件。

现在，同真人一般高的"G"和"7"两个巨大的铁字还屹立在哥廷根大学某处突起的草坪上。这是为了牢记保卫立宪主义的教授们。

当时，雅各布满含愤怒地写下一篇与自己的罢免事件相关的短文，题为《关于他的罢免》。这篇短文虽然没能在审查严格的德国出版，但在瑞士出版了。没过多久，这本小册子被带入德国并在德国销售。

恩格斯买了这本小册子，评价道："内容真是超乎寻常地精彩！作者也很有眼光。"的确，雅各布的文章遒劲有力，他生气时写的文章就更厉害了。这实在是一篇有力量的文章。当时是1837年，格林兄弟已经50多岁了。这是雅各布·格林与宪法的第一次交锋。

德国该何去何从

1848年革命的前几年，各地市民提出制定宪法、召开议会、统一德国等一系列要求。实际上，各地也纷纷制定宪法，还与军队进行了一些争夺。当时的社会动荡不安。一些有影响的学者主张应该聚集起来，商谈今后的德国该何去何从。那时是1846年，革命爆发的两年前。

这时在法兰克福召开了一次会议。会议的名称是日耳曼语学者的集会，所以这次会议被称为日耳曼语学者大会。格林兄弟创立了日耳曼学，并为日耳曼语命名，他们也参加了这次会议。会议不是在我们接下来要去的圣保罗教堂召开的，而是在旧市政厅，人们称之为雷玛。

参加此次会议的有大学教授、作家、资本家等，共200人左右。雅各布被选为会议主席。此次会议商谈的是有关德国的事情，如果让与会者一一发表意见，会议就会群龙无首。所以，与会者选雅各布·格林为会议主席，由他主持会议。

这个日耳曼语学者大会是为建立统一的近代德国国民国家而召开的准备会议。发行杂志时，在创刊前有时会发布创刊零号，而雅各布·格林可以说是还没诞生的近代德国的第零代大总统。

语言民族主义

弟弟威廉也出席了这次会议。当时，兄弟二人都是柏林大学的教授，他们还进行着德语词典的编纂工作。这是一本非常权威的词典，它以各时代（向前追溯至路德时代）的第一级文章为例证，探究并记录下单词的使用方法，是一本历史引用集。这虽说是一本词典，但不包括单词的意思、定义等内容。了解某个单词的使用方法的历史，便能明白该词的深刻含义。

该词典的编纂工作始于1838年，历经123年，全32卷于1961年完成。格林兄弟只编纂到词条F。第二次世界大战后，德国分裂为东德和西德，但这期间，词典的编纂工作仍在进行。西柏林和东柏林都设有词典编辑所，"冷战"期间，只有这两个词典编辑所还互相联系，进行着工作。现在，对于这本已经编纂到词条Z的词典，有关专家正从词条A开始重新检查。

在法兰克福的日耳曼语学者大会上，威廉讲了有关德语词典的事情。威廉说，"从瑞士深山到波罗的海地区，从莱茵河到奥得河"，他们兄弟俩和各地的人们一起进行德语收集工作。

以语言民族主义为依据，格林兄弟所构想的德国必然包括奥地利、瑞士一部分在内的"大德国"。因为他们认为说德语的人所居住的地方就是德国。这种想法看起来很容易理解，但实际上只是纸上谈兵。比如，意第绪语与德语十分相近，而说意第绪语的犹太人散布在东欧各地。格林兄弟似乎没有注意到这点，实际上，德语的界限是模糊而随意的。但是，格林兄弟认为没有什么比语言民族主义更能合理证明"德意志民族是个统一的民族"了。

第二年，也就是1847年，日耳曼语学者大会在吕贝克召开。雅各布再次担任会议主席。

雅各布的特殊地位

1848—1849年，法兰克福议会在圣保罗教堂召开，雅各布被安排在一个"特别座位"——议长席正前方的第一排，在一个这一排只有他一个人。

雅各布担任了两次日耳曼语学者大会的主席，这样安排不仅是为了向他表达敬意，也是为了表明这是一个中立的位置。

在这次法兰克福议会中，以男子普选的方式，按照每5万人选一名议员的标准进行了议员选举。激进派、保王派等很多派别参加了此次会议，他们常在啤酒店开会，所以各派别都被贴上了对应啤酒店的"标签"。

到圣保罗教堂了吗？我们要下车了？可我还没有说完……

倾听指南

三月二十五日续

　　这可难办了。本打算听完演讲再去参观召开法兰克福宪法制定议会的圣保罗教堂，但是也没办法了，后续部分只能晚上再听了。我们先去参观教堂吧。

　　圣保罗教堂的入口处还刻有美国肯尼迪总统的名言："德国民主主义从这里诞生。"这是什么意思呢？

　　进入教堂，我们来到了召开议会的房间。在这个房间里，如果不大声喧嚷，大家坐着也能听清楚台上的讲话。真是幸运！让我们化身议员，继续听池田女士的演讲吧。

　　我有些激动。刚才也提到过，在法兰克福宪法制定议会上，雅各布·格林有个专属的座位——议长席前方第一排的正中间。现在，我把自己的包放在了那个座位上，背对议长席，面向168年前雅各布所在的地方，与坐在后面的各位讲话。

　　曾被马克思在《新莱茵报》中贬得一文不值的法兰克福宪法，最开始的部分是与自由相关的条款，我来读一下这部分内容。我激动得有点泪目了。

自由条款

　　第一条　所有德国公民享有平等的权利，包括居住自由、移居国外的自由、职业选择的自由。

　　第二条　所有公民在法律面前一律平等，废除贵族的特权。

　　（这条真是太厉害了。这样就否定了普鲁士国王。）

　　第三条　禁止任意逮捕德国公民，禁止在没有逮捕证的情况下进入家宅搜查、查封。只在实行战时国际法以及发生叛乱时执行死刑。

　　（也就是说，在和平时期废止死刑。）

　　第四条　报道自由，禁止审查。

　　（包括马克思、格林、海涅在内，这个时代的人们都因国王的随意审查而苦恼。）

　　第五条　思想、信仰自由。

　　第六条　必须保障学问自由。

　　第七条　必须保障集会、结社的自由。禁止干涉受教育的权利。

第八条　必须保障私有财产。必须废止奴隶身份制。

第九条　审判中立于任何权力。

（强调近代以来行政与司法分离的原则，是重要条款。）

接受政治流亡者

这是非常符合自由主义的宪法。实际上，雅各布·格林还提议将第一条改成这样。

> 所有的德国人都是自由的，在德国大地不允许任何形式的隶属。德国赋予居住在德国但不自由的外国人以自由。

我觉得这简短的一句话中凝聚了雅各布·格林关于自由的思想。在法兰克福议会中，这一条因微小之差被驳回了，但是其精神在现行德国基本法中再现。这就是第十六条的"庇护权"，第一项就是"遭受政治迫害者享有庇护权"。可以说，这与日本宪法第九条是同样的意思。

德国在纳粹时代曾给邻国带来极大伤害，还使得许多人沦为流亡者或是难民，作为补偿，德国宣布接纳所有政治流亡者。由于这一宣言，德国一直致力于解决叙利亚等国的难民问题。

默克尔首相是保守主义者，她认为无论如何都要守护这个精神，也因为这一主张，她的支持率正在下滑。社会舆论认为：我们不曾想过宪法每年要接收50万难民，今年甚至可能会接收100万人。默克尔首相"希望其他欧盟各国再多接纳些难民"的请求也被驳回。如今，默克尔首相既要操心内政，又要忙于外交，甚是操劳。

至于雅各布试图将"保护政治流亡者"加入宪法第一条的理由，就要回到最开始讲的——格林家信奉加尔文教这一点上去。

格林兄弟的父亲是公务人员，祖父及曾祖父都是加尔文教的牧师。格林兄弟住在卡塞尔被称为法国人街的一角，他们的邻居大多属于100年前（从当时往前推100年）受到迫害，从法国移居至德国的被称为胡格诺的加尔文教派。格林兄弟从小就和这些辛苦流亡德国的人的后裔比较亲近，所以对他们的同情可能比一般人更深。

总而言之，对在政治流亡者中成长起来的格林兄弟来说，思索新德国及其自由时，"德国是一个接纳政治流亡者的国家"这一点是必不可缺的。这作为德国人的课题延续至今，包括今天的难民问题。

格林兄弟为什么要改写童话?

我们再回到格林的童话上来。很久以前,《其实很恐怖的格林童话》一书盛行。之后,人们普遍认为,格林童话是以原本的传统民间故事为基础,却又与之不同。

但是,我并不认为原本的民间故事更恐怖。经过加工的格林童话,有的变恐怖了,有的则没有变恐怖。总之,"格林改写的童话"已经广为人知。

20世纪80年代,大部分的美国学者从女权主义的立场出发,强烈批判这样的改写。"竟然把女性丑化成这样的坏蛋""竟然如此娇纵男性",类似言论大量涌现。我想,如果他们这么讨厌格林的童话,可以去研究更喜欢的东西啊。

当时并没有人提出"为什么格林兄弟要改写童话"这一问题。于是,思考格林兄弟的改写动机时,我想到了加尔文教的传统。

在格林眼中,这本童话集是以新语言民族主义为基础的近代德国国民国家的蓝图。在第二版的前言中,格林这样写道:"希望这能成为新德国国民的教科书。"也就是说,格林兄弟主张将传承这些民间故事的人认定为德国人。兄弟二人还希望新德国人能够吸取他们在民间故事中加入的教训,过更好的生活。

在童话中营造适应资本主义社会的氛围

近代以前的民间故事奖励撒谎、赞赏偷懒。日本"稻草富翁"的故事也是如此。因为工作的辛苦使人们开始向往偷懒，所以将其编入故事，以听这样的民间故事为乐。

但是，这不符合格林兄弟对近代德国国民的构想。近代社会是由资本主义所支撑的，所以近代的生活不是自给自足，而是多劳多得，把钱积攒下来去开拓事业。在近代以前，就像《圣经》中所说的"不要为明天烦恼"，自给自足的生活十分普遍。格林兄弟想要改变人们这样的心理状态，于是在童话中加入了加尔文教的教义。

加尔文教的教义非常严格，谁会在最后的审判中得到救赎是已经确定的，但至于是谁，只有神知道。因此在现世，我们必须尽全力做好自己的工作。这个教义的中心思想是，勤勉才是美德，劳动本身就是目的。

格林兄弟实际上对童话进行了怎样的改写呢？以白雪公主为例。在原来的民间故事中，白雪公主只需要做饭就能住在小矮人的家中。但是在格林版中，要想住在小矮人的家里，她需要"做饭、铺床、洗衣服、缝补衣物、织毛衣等，完美地做好所有事情"，必须非常努力地工作。

这样的观点与马克斯·韦伯的《新教伦理与资本主义精

神》相吻合。韦伯的这本书比格林童话最后一版即第七版晚出版70年，但其中渗透着加尔文主义努力工作的精神。此外，这本书还分析了正在形成的资本主义社会。

格林兄弟不仅从语言民族主义的角度提出了近代德国国民国家的基本样貌，还鼓励人们调整心态，适应资本主义社会。从之后的情况来看，格林兄弟所做的这些努力顺应历史发展的潮流，是非常正确的。

从法国人那里收集民间故事

格林兄弟年轻的时候，并不是四处拜访，向村民打听民间故事。请大家试想，如果我们要收集民间故事，应该会先向朋友、家人等身边的人打听吧。请回想一下，前面我提到过雅各布曾在文章中写道："路德教的人让人觉得很疏远。千万不能同天主教的人说话。"

实际上，格林家的邻居是拥有《贝洛童话》。在家中仍然用法语交谈的来自法国的人，并且他们与格林家同属加尔文教，去同一个教堂。格林兄弟与这些人交往，向他们打听民间故事。

格林兄弟：没有国王，无法想象

为什么马克思要那样贬低法兰克福宪法呢？其实，我可以理解马克思的心情。法兰克福宪法中有关于自由的周密条文，但它是君主立宪的宪法。就连格林也支持君主立宪制。正如哥廷根大学七教授事件一样，格林兄弟遭受了许多来自愚蠢国王的迫害，但是他们似乎仍然无法想象一个国家没有国王会是怎样的状态。雅各布·格林曾写文章阐述必须保留国王的理由，但是无论怎么说，我也无法认同。

其实，法国革命对包括格林在内的许多人来说是一段恐怖的记忆。他们虽然有着自由主义的观念，却仍旧停留在保留国王的君主立宪主义上。了解这点后，马克思便没有理由谴责他们了吧。

此外，当自由主义者向普鲁士的威廉二世提出这个君主立宪制的法兰克福宪法，并请求他做新德国的皇帝时，威廉二世表示绝不接受自由主义者制定的宪法，坚决拒绝了这一请求。所以这个宪法最终没有公布于世。

然而优秀的思想一旦诞生就不会消逝，它如同地下泉水一般，与历史相伴而行。后来，他们的思想作为魏玛宪法中的自由条款而重获新生。在召开法兰克福议会的圣保罗教堂放置"德国的民主主义从这里诞生"的牌匾，也是出于这个原因。

社会在发生变化

可以这样概括格林兄弟在近代德国历史中的成就：凭借语言民族主义的意识形态，描绘了近代德国国民国家的蓝图；随着国民国家的诞生以及资本主义在新时代的迅速发展，引用加尔文教教义，将肩负重任者应具有的心性加入童话故事中，通过教化年幼读者的方式来培养近代德国的国民。总之，格林兄弟可以说是在构建近代德国的国家及国民的事业中拼尽全力的知识分子。

国家之间互相竞争，国民也与近代以前大不相同：十分勤勉，开始进行经济活动。近代社会也因此获得了巨大的发展。这也是历史的必然吧。

近代社会既有光辉的一面，也有黑暗的一面。很早以前，就有一群人注意到它黑暗的一面，而这群人中就有马克思和恩格斯。1848年，马克思和恩格斯与格林兄弟在法兰克福擦肩而过，他们遭受了不同意义上的苦涩失败，又各自走上了不同的道路。

已经过去近170年，我们今天是站在怎样的历史舞台上呢？必须特别说明的是，在德国，勤勉的含义已经改变。请大家回忆一下。加尔文教的勤勉是没有目的的。不计时间，孜孜不倦地勤劳工作本身就是目的。资本主义也因此得到了发展。

资本主义发展起来以后，世俗化的领域扩大，加尔文教式的勤勉逐渐失去了其作为宗教意识形态的影响力。人们突然不明白为什么要辛苦工作了。社会共有规范的根基变了。人们开始重新思考：**工作是为了实现自我，还是为了幸福，又或者是其他？**

2014年，德国人一年的工作时间是1371个小时，而日本人的工作时间是1729个小时。他们的工作时间比日本人少358个小时，但生产率却是日本人的1.3倍，所以德国人的工作效率很高。另外，日本好像还在"因为勤勉是美德，所以要勤勉"的阶段原地踏步，把长时间工作看作值得赞赏的事。

由于支撑勤勉的不再是宗教意识形态，所以本该随着社会世俗化发挥作用的机制失效了。

在德国，工作的含义发生了变化。这在很大程度上受到马克思等人有关工人运动思想的影响。现在，德国人不再遵循格林有关勤勉的价值观。而日本进入明治时代以后，引进了格林和马克思的思想，但是有必要在历史中重新审视格林，区分应该继承下来的东西和应该舍弃的东西。

倾听指南

三月二十五日续

我总觉得自己刚才似乎附身于池田女士，朗读着刚通过的新宪法。马克思为什么如此强烈地批判法兰克福宪法呢？这很大程度上是因为法兰克福宪法保留了君主制，而不是以共和制为目标。我们还是应该考虑一下马克思当时的心理状态。

马克思：我的共产主义立场

前面已经介绍过，马克思在《莱茵报》任职时还不是一名共产主义者。移居巴黎和布鲁塞尔后，马克思迅速向共产主义者转变。他在《共产党宣言》中明确表明了自己的共产主义立场。

《共产党宣言》于1848年初出版，即三月革命爆发前夕。

马克思在《共产党宣言》中指出，大部分国家是没有议会的，所以不需要依靠选举，并提出了"无产阶级通过暴力革命推翻资产阶级统治，建立无产阶级专政"的口号。

但是在三月革命中，发生了马克思没有想到的事情——选举发挥了很大的作用。在运动发展的过程中，《莱茵报》的成员——一个名叫康普豪森的资本家站了出来，要求普鲁士国王制定宪法、废除审查等，普鲁士国王答应了他的要求，于是康普豪森内阁便成立了。此外，康普豪森内阁成立之后，立即引入了仅限男子的普选权，并在4月举行了选举，5月召开了宪法制定议会。

这与池田女士刚才说的内容是一致的，先召开了以德国的统一及制定统一德国的宪法为目的的国民议会，接着在各地举行了基于男子普选权的选举（实际上是各领邦的选举，所以纳税额等内容有些差别），最后召开了法兰克福议会。

共产党在德国的要求

马克思决定在3月底回国，他还发表了《共产党在德国的要求》。虽说是在《共产党宣言》发表后不久，但马克思或许认为凭借这场革命无法建成共产主义社会吧。《共产党在德国的要求》的第一条便是在全德国建立"共和国"，第二条是实现"无论男女都有普选权"。

4月初，抵达科隆的马克思立即开始了活动，但他对眼前正在进行的、意料之外的议会选举束手无策。活动阵地《新莱茵报》是在6月以后创刊的。也就是说，在以男子普选的方式选出议会、开始审议宪法草案之后，马克思终于可以通过《新莱茵报》向德国人传达自己的主张。

但是，无论是普鲁士议会还是法兰克福议会，都对以将德国变成"共和国"为目的的宪法不感兴趣。虽然"保留像以前一样的绝对王政"的观点没有占优势，但是大多数人都倾向于君主立宪制。马克思搁置了共产主义的目标，重视现实，妥协于建立"共和国"，但议会连这一点都没有实现。

这次议会是由哪些人组成的呢？林健太郎先生是一位著名的历史学家，他在其著作中对此进行了分析。

根据他的记载，参加这次议会的649名议员人中，希望实现共和制的左派有130人，只占总人数的20%。稳健左派也有130人，但他们站在君主立宪制的立场。希望继续实行绝对王政的极右派只有40人左右，但稳健右派有120人。稳健右派希望实现德国统一，但反对弱化国王权力。此外，据说还有150名无党派人士。

如此看来，这次议会无论怎么努力都无法在实现共和制这一点上达成一致。连弱化国王权力都很难实现，能达成君主立宪制就已经很难得了。这样的人员构成是普选的结果。实行普选的国家有可能实现共产主义，如果这样的国家并不存在，马克思将试图通过实力去完成革命。然而实际普选之后，马克思却发现别说共产主义了，国民甚至不希望实现共和制。

1848年的5月，马克思才29岁。刚确立的共产主义理念与眼前现实之间存在的巨大落差是如何反映出来的呢？读这个时期马克思、恩格斯所写的东西，可以感受到他们的焦躁。

面对这样的现实，马克思脱胎换骨，重新出发。不愧是马克思啊！6月，普鲁士议会的候补选举在科隆召开。马克思与不同观点的人们组建了"民主主义协会"，打算从中选出统一候补者。在第一次和第二次的投票中，马克思位居第一，但是在最终投票中，马克思输给了对方的联合候补。《新莱茵报》认为"这些投票表明当地的舆论发生了很大的变化"，声称感受到了响应。

之后，普鲁士市民似乎渐渐"激进"起来，当康普豪森向国王妥协，定下君主立宪制的宪法草案时，柏林工人愤然而起，占领了兵器库。在这样的压力下，普鲁士议会否决了宪法草案，康普豪森不得不辞职。

但是为时已晚。普鲁士国王发现议会内部意见持续对立，逐渐恢复了信心，首先强行解散了"民主主义协会"。之后，为了使议会不受柏林工人的影响，他将议会转移到勃兰登堡，最终宣布解散议会。

　　普鲁士议会决定取消国王的征税权，马克思的《新莱茵报》也支持这项决议。对此，国王在12月发出强制征税的命令，同时解散议会。马克思和恩格斯也因"煽动拒绝纳税"而被冠以妨碍执行公务的罪名，被迫上了法庭（结果无罪）。就这样，议会被强行解散。

　　再来看一看法兰克福议会。同样在12月，议会制定了"德国国民的基本法"，也就是所谓的法兰克福宪法。池田女士也说过，在人权领域，这是一部非常先进的宪法。但是，它只停留在了君主立宪制上。不仅如此，法兰克福议会也不能做违逆国王的事情，所以当普鲁士议会制定不承认国王征税权限的决议时，法兰克福议会认为它是无效的。

　　如果接受议会制定的宪法，就意味着承认议会的权限，君主立宪制的宪法就会成为事实。国王已经不再委托议会做事。1849年2月，国王自己制定了普鲁士宪法，并公布于世（钦定宪法）。3月，法兰克福议会公布了全德国的宪法，根据这个宪法，决定将普鲁士国王作为"德意志人的皇帝"。但是国王最终拒绝。

　　在这样的局势下，马克思等人认为法兰克福宪法有一定的积极意义。因为普鲁士议会的解散表明连君主立宪制都已成泡沫，法兰克福宪法成为德国人的希望。

　　恩格斯说："德国宪法从表面上来看源自人民，除了这个特点以外，它虽然充满矛盾，却是全德国最能体现自由主义的宪法。"拥护法兰克福宪法的武装斗争在德国各地扩展开来，恩格斯也加入斗争中（最后被镇压了）。

　　众所周知，在德国实行的普鲁士宪法是明治宪法的雏形。坚持绝对主义统治原理，内阁制度不写入宪法，君主拥有议会的开会、闭会和停会大权，在这几点上，二者几乎是相同的。

　　另外，普鲁士宪法是国王自己制定（钦定）的宪法，但事实上它也是以议会制定的草案为基础的。这个宪法的实际运行情况非常糟糕，比如，对人权的限制仅限于八条条款，允许临时性地、地域性地失效。这里面有着斗争的成果。

　　在理想与现实的夹缝中烦恼的马克思，将自己的领悟应用到流亡地伦敦。我们也一齐向英国出发吧。

3
英国篇
在《资本论》的诞生
地谈资本主义

在伦敦的马克思墓前献花

倾听指南

三月二十六日

今天真是忙碌的一天，我们要从德国出发去英国。在曼彻斯特稍做停留后，我们还必须马不停蹄地赶往住宿地利物浦（我们最后的目的地是伦敦）。

在我们一行启程离开日本的前一天，比利时机场发生了恐怖袭击事件。或许因为这一点，我们在曼彻斯特机场安检时花了很多时间，直到近午时分才进入英国。

选择来曼彻斯特，是因为这座城市和恩格斯有着很深的渊源。1842年，恩格斯第一次来到曼彻斯特，那时他还不认识马克思。恩格斯的父亲是"欧门·恩格斯商会"的合伙人，恩格斯来曼彻斯特就是为了在该商会工作。1844年，在离开英国回德国的途中，恩格斯与流亡巴黎的马克思重逢了。

他们意气相投，开始一起组织活动。1848年革命失败后，二人将活动据点移往英国。恩格斯又开始在"欧门·恩格斯商会"工作。据说，恩格斯最后还成为商会合伙人。恩格斯用在商会中获得的收入支持马克思。

但我们不是只因为这一点就选择来曼彻斯特。虽然在曼彻斯特大学学生宿舍的墙壁上挂着"恩格斯纪念圆盘"，但恩格斯故居和"欧门·恩格斯商会"并没有被保留下来。

其实，我们选择来曼彻斯特，主要是因为这里的"科学与工业博物馆"。那里展览着恩格斯在《英国工人阶级状况》以及马克思在《资本论》中细致描写的当时的纺纱机和织布机。大家可能觉得纺纱机是非常古老的东西，但在当时，这可是推动产业革命的顶尖机器。

恩格斯在《英国工人阶级状况》中这样写道：

> 英国工人阶级的历史是从18世纪后半期，从蒸汽机和棉花加工机的发明开始的。大家知道，这些发明推动了产业革命，产业革命同时又引起了市民社会中的全面变革，而它的世界历史意义只是在现在才开始被认识清楚。①

---

① 恩格斯：《英国工人阶级状况》，人民出版社1962年版，第41页。

织布机与纺纱机（织布机照片由小田顺平、多久代先生提供）

　　顺便说一下，我们平常使用的"产业革命"一词就出自恩格斯的这部著作。我一直想亲自感受一下在马克思等人生活的时代中运转着的，并让他们觉得必须变革资本主义社会的东西。

　　有关产业革命所带来的，马克思在《资本论》中这样写道：

　　　　自十八世纪最后三十多年大工业出现以来，就开始了一个像雪崩一样猛烈的、突破一切界限的冲击。道德和自然，年龄和性别，昼和夜的界限统统被摧毁了。[①]

　　的确如此。7岁的儿童在工厂中工作是很常见的。据统计，在某个工厂，18岁以下的工人占了27%。昼夜两班制，一天工作14—17个小时，就连床也是以两班制的方式交替使用。"年龄和性别，昼和夜的界限统统被摧毁了"，有些无法想象啊。

　　但是，工人没有沉默。1818年，曼彻斯特的工人向议会提出申请，要求一天工作10.5个小时（实际工作9个小时）。自此，集会、示威游行在整个国家蔓延开来。

　　就这样，1833年，以纺织业为对象，第一部规定工作时间的工厂法诞生了。根据工厂法的规定，未满9岁者禁止工

---

①马克思：《资本论》第1卷，人民出版社2004年版，第320页。

作，未满13岁者一周工作时间不得超过48个小时，未满18岁者一周工作时间不得超过69个小时。此外，工厂法还禁止让儿童打扫正在运作的机器，因为之前发生了很多事故。

重要的是，政府任命工厂监督官，以调查、监督工厂法的实施情况。在这以前，虽然也有工厂法，但没有监督人们遵守法律的相关体制。

读到这里就会发现，在这部工厂法中，成人不在限制劳动时间的范围内。但是以这部工厂法为契机，要求缩短工作时间的运动在英国、美国及欧洲其他国家迅速展开。

1886年5月1日，美国芝加哥的工人要求实施8小时工作制，开始了大罢工。三年后，由恩格斯指导的第二国际成立大会，将5月1日这一天定为国际劳动节。

虽然博物馆内的纺纱机象征着那样的时代，但面对着它，我们很难想象出当时的情形。

"偶然"这个东西真的很可怕（或者让人高兴）。在参加此次旅行的人中，有一位来自大阪府立隔周定时制高中（纺纱工厂女工所就读的学校）的老师。当然，纺织机器不是完全相同的，但构造相似，所以她详细地为我们解释了眼前这台机器是如何运作、如何纺纱的。

这位老师所任职的大阪府立隔周定时制高中，在经济高度成长期，仅大阪泉州地区就有四所。据说，工厂内棉花飞舞，机器的噪声可怕到不大声在耳边喊就听不到的程度。从早上5点工作到下午2点，换班后，从下午2点一直工作到晚上10点，工人们就这样一边以两班制的方式工作，一边从下午开始接受远程教育，取得毕业资格。

为防止纱线断开，天花板上设有喷雾器，工人们经常被喷雾器喷洒出来的雾雨淋湿身体，有学生因此得了风湿，时常关节疼痛。工厂没有遵守劳动基准法，所以当劳基署的监督官在文化活动前来检查时，学生就会躲起来。

有很多学生到了20岁左右就变得体弱多病，大部分人便回老家去了（也有一些孩子升入护理学校）。据说，即使这样，为了保证学校学生的数量，当地的包工头每年都会去拜访那些即将中学毕业的女孩的人家，以定金作为交换，将女孩带来学校。

20世纪后半叶的日本还上演着马克思在19世纪时所描绘的事情。现在或许没有这样的纺纱学校了，各种职业的工作环境也都得到了改善。

那位老师的丈夫正好出生于织纱工厂旁的人家，他为我们生动地解释了织布的过程：从缠满纱线的圆形物中抽出两段经纱，使两段经纱交替着上下摆动，接着再从左至右、从右至左地将缠有纬纱的梭穿过交替着上下摆动的两段经纱。不断重复这些动作，布就织成了。

在这段解释接近尾声时，博物馆研究员过来了，他按照顺序为我们演示纺纱机是如何运作的。最后，我们逛博物馆时还发现了恩格斯的照片，上面还有些简单的说明。

你们觉得怎么样呢？

以拜物教的姿态不停地制造机器

内田：真的是非常有意思啊！

在此之前，我从世界史的教科书中所了解到的产业革命、机械化是很笼统的，只知道这意味着科技进步、产业结构改变、社会构造改变。但是在博物馆亲眼看到这些机器，我发现这与教科书中的产业革命和机械化不同。

制造那些机器的人很明显属于拜物教（物神崇拜），因为我觉得他制造着本没有必要制造的东西。将异常复杂的东西制造得异常大、异常精密，是对某一阶段经济合理性和效率性的忽视。不管怎么说，我总觉得这有些拜物教的审美倾向，有一些疯狂的感觉。

特别是在留下来的这些机器中，有几种机器没有朝着这个方向进化，或是说走入了进化的死胡同。这些机器带有病态感，那种病态的美感像极了奥伯利·比亚兹莱的画，我很感动。

产业革命是疯狂卷起的人类革命

内田：我觉得拼尽全力制造这些机器的人并不是想要赚钱，大概一直制造这种机器便会废寝忘食吧。将机器擦得亮堂堂的，制作异常精密的螺丝……制造机器是为人类某种欲望所驱使的。机器和人之间存在着一种"共犯"关系。

19世纪初，英国爆发了卢德运动。这场运动中，工人破坏了完成产业革命的机器，但是那些机器不仅仅是机器。工人捣毁机器，不只是因为机器抢走了自己的工作并成为合理的存在，还因为那些机器中有着不好的、邪恶的东西。刚才我们也拍了照，有的机器的确"面相"凶恶。看了这些机器后，我非常理解工人面对机器时切实感受到的憎恨。

在如此短的时间内，蒸汽机就发展成为那样精密的机器。他们想要赚钱已经到了要把各种各样的人都吃光，把童工、女工甚至所有人都吃光的地步了吧。

这样当然是为了赚钱，但机器能一天24小时不停地工作，实在是很疯狂。社会中激荡着极度疯狂的旋涡。我十分理解"产业革命是一场人类的大革命"这个说法。非常感谢这次策划。谢谢大家。

制造连挪动都困难的大型机器

石川：我要说的和内田先生所说的疯狂问题也有关系。对于内史密斯的蒸汽锤，我曾以为"有实物的话应该会很有趣"。从展览纺纱机器的房间出来，左边便是内史密斯的蒸汽锤，但只有文字是大的①。

我曾在滨林正夫先生的《读〈资本论〉》一书中看到照片，那是一个非常大的锤子。我觉得那才是技术的死胡同吧。因为那个机器太大、太重，连挪动它都很困难。但在那个时代，运用蒸汽就能做到以前做不到的事，所以人们想要尝试制造那种东西。我也可以理解这种心情，就好比是一个小男孩的梦想。

---

①博物馆展出的"蒸汽锤"不是真正的蒸汽锤，其体积并不大，"只有文字是大的"表达了石川的失望之情。——译者注

蒸汽锤

参考资料

▼

蒸汽锤

　　65页的倒数第四行出现了'蒸汽锤'。它出现在下面的照片中，是一个怪物般大的锤子，发明者是内史密斯。最开始的时候，机器都是手工制作的，因此当时的机器都非常大，之后我还会说到有关这方面的内容。

（滨林正夫《读〈资本论〉》，学习之友社，1995年，第64页）

马克思和恩格斯的初次相遇

石川：博物馆里还有恩格斯的照片，上面写着"1842年，恩格斯来到曼彻斯特工作"。恩格斯在来曼彻斯特之前，曾拜访在科隆从事《莱茵报》编辑工作的马克思。恩格斯的父亲是资本家，他认为资本家的儿子不需要学习多余的东西。别说上大学了，恩格斯还没完成高级文科中学的课程就被迫退学了。

后来，恩格斯抓住时机，自愿从军。他在服军役的这段时间内一直在柏林大学旁听。在这里，恩格斯偶然听说有一个叫马克思的人非常厉害。以此为契机，恩格斯带着崇拜的心情前去拜访住在科隆且长他两岁的马克思。

那时的马克思在政治上与从学生时代起就走得很近的"青年黑格尔派"停止了交往，他以为恩格斯也是"青年黑格尔派"的同伙，所以非常冷淡地接待了恩格斯。我想1842年来到曼彻斯特的恩格斯在这一点上可能有些失望吧。

参考资料

▼

与马克思的冷淡相遇（恩格斯）

在1842年10月以前，马克思一直待在波恩。……11月底我赴英国途中又一次顺路到编辑部去时，遇见了马克思，这就是我们十分冷淡的初次见面。

马克思当时正在反对鲍威尔兄弟。鲍威尔兄弟认为《莱茵报》的目的不是政治上的讨论和行动，而是为了神学上的宣传，是为了传达无神论等，马克思对此表示反对……因为当时我跟鲍威尔兄弟有书信往来，所以被视为他们的盟友，并且由于他们的缘故，当时对马克思抱怀疑态度。①

①马克思：《资本论》第1卷，人民出版社2004年版，第453—454页。

机械化使工人聚集在一起

石川：最后是有关机器大工业成立的历史意义。大概在18世纪70年代到19世纪30年代这段时间里，英国完成了机器制造业的跨越——从制造纺织产业的机器开始，到成立制造机器的机器产业。机器大工业就这样产生了，这使得整个经济社会发生了巨大变革。整个经济社会发生变革的过程，被称为工业革命。

刚才工作人员为我们展示了纺纱机器是如何操作的，但那个机器是电动的，应该是20世纪前后诞生的机器。按下开关，排列在前端的部分就会向前拉动珍妮纺纱机，接着它又缩回来。它在缩回来的时候是在进行垃圾清理。实际上，在那个机器的旁边有自动化前的珍妮纺纱机的照片，上面写着：有人钻到机器底下将断了的纱线连接起来，清理垃圾。地板的一端好像摆放着十分古老的木制纺纱机，马克思所看到的机器大工业应该就是摆放着许多木制纺纱机的。

机器大工业给整个社会带来怎样的影响呢？马克思写了很多与此相关的文章。最重要的影响便是由此确立了资本家对工人的经济统治。

劳资关系成立的最初形态，是资本家将工匠网罗至工厂。不过工匠们知道没有自己的技艺，资本家就无法获得利润，所以他们有时会不在指定的时间到达工厂，有时会反抗资本家的指示。

资本家的反击策略主要是"罚钱"。但是，随着机器的引进，工厂对熟练劳动的需求越来越小，工匠的生存空间变得越来越狭小，到最后，工匠们被告知"有无数能替代你的人"。

实际上，机器的引进一举扩大了儿童劳动和妇女劳动。马克思用"劳动从'形式上隶属于资本'转化为'实际上隶属于资本'"这一难理解的语言来形容这种经济统治的加剧。马克思很早就已经看到了劳动者在机械化中受资本家支配的可能性。原本分散的工匠由于资本而被聚集在了工厂。虽然这完全是出于资本利益的结合，但是也正因如此，工人们团结在一起，获得了与资本家进行斗争的最初条件。

在英国，先爆发了为保护儿童和女性而要求缩短劳动时间的运动。没有工人代表的议会在制定了一些漏洞百出、有名无实的法律后，终于在1833年制定了具有实效性的限制劳动时间的法律，之后不断地充实完善。借用现代日本的说法，这便是"劳动基准法"的形成。马克思将这些工人斗争的发展以及由此积累下来的运动成果也算作大工业所带来的必然结果。

真是有趣。我们现在看到的只是机器的实物，但是在发明并引进机器的当时的英国，发生了以此为轴心的社会和人类关系的大规模变革。

参考资料

▼

机器的登场给工人带来的影响（马克思）

……机器成了一种使用没有肌肉力或身体发育不成熟而四肢比较灵活的工人的手段。因此，资本主义使用机器的第一个口号是妇女劳动和儿童劳动！这样一来，这种代替劳动和工人的有力手段，就立即转化为这样一种手段，它使工人家庭全体成员不分男女老少都受资本的直接统治，从而使雇佣工人人数增加。[1]

如果说机器是提高劳动生产率，即缩短生产商品的必要劳动时间的最有力的手段，那么，它作为资本的承担者，首先在它直接占领的工业中，成了把工作日延长到超过一切自然界限的最有力的手段。[2]

资本手中的机器所造成的工作日的无限度的延长，使社会的生命根源受到威胁，结果像我们所看到的那样，引起了社会的

---

[1]马克思：《资本论》第1卷，人民出版社2004年版，第463页。
[2]同上书，第471页。

反应，从而产生了受法律限制的正常工作日。在正常工作日的基础上，我们前面已经看到的劳动强化现象，就获得了决定性的重要意义。①

①《马克思恩格斯全集》第15卷，人民出版社1963年版，第334页。

亲身感受日本和英国

池田：听了亲自体验过日本纺纱的夫妇的解释后，我仿佛身临其境一般。他们一边用手指着机器，一边向我们解释"这个是……""那个是……"。听了这些，我切实感受到，日本在高度成长时期也曾用相同构造、形状的机器工作。

刚才内田先生说到走进死胡同的技术，的确是这样的。此外，日本在20世纪70年代也有人贩子，我虽然不是很了解，但颇受打击。

机器运作时，下层会弹出来，这时收垃圾的孩子们便会钻进去进行打扫。这种情形十分真切，就像亲眼看到一般。刚才松竹先生说，在那里工作的人们与远在美国的奴隶制度下受苦的人们有着连带关系。我在吃惊的同时，也在思考为什么松竹先生能够发挥那样的想象力，希望能听到与之相关的解释。

接着，我发现织布机一角画着佩斯利涡旋纹。佩斯利涡旋纹是英国的经典花纹，非常有名。但它最初是孟加拉的民族图样。从印度进口棉织物时，佩斯利涡旋纹大受欢迎，此后英国开始制造生产。也就是说，英国盗取了印度的佩斯利涡旋纹。

此外，还有恩格斯的照片和简短的说明，原来恩格斯（Engels）的"恩格"（Engel）是天使的意思啊。我不禁再次感叹："啊，马克思有恩格斯在身边，真好啊！"

倾听指南

三月二十六日续，二十七日

　　根据我们的旅行日程，26日、27日我们会住在利物浦。再了解马克思的人大概也无法说清马克思和利物浦的关系吧。因为两者本就没有关系。

　　说实话，我原本打算把利物浦当作旅行的中间休息站。因为在长途旅行中，这是很有必要的。在寻找从曼彻斯特出发坐一个小时大巴就能到达的游览地时，我发现了利物浦。利物浦还是披头士乐队的诞生地，这样一来，利物浦对参加者的吸引力应该更大了吧。

　　但是不管怎么说，我们这次是"倾听马克思之旅"，所以必须有所收获。

　　我试着找了一下，发现利物浦有奴隶博物馆，便将参观奴隶博物馆列入我们的行程。当时，黑人被从非洲大陆带往美国，之后成为奴隶，被命令栽种棉花。这些棉花出口至英国利物浦港，在曼彻斯特等地被加工成纱线（纺纱），维持着英国的出口（所谓的三角贸易）。也就是说，利物浦并不是与"倾听马克思之旅"毫不相关。

马克思这样描述英国资本主义同美国奴隶制之间的关系。

> 英国工业的第二个支柱是美国奴隶种植的棉花。……只要英国棉纺织工厂主还依靠着奴隶所种植的棉花，就可以如实地断言，他们是依靠着一种双重的奴隶制：对英国白人的间接奴隶制和对大西洋彼岸黑人的直接奴隶制。[1]

在这里，马克思将工业革命期间英国工人在残酷的条件下劳动的情形定位为"间接奴隶制"，这受到了极大的关注。

不过，从黑人奴隶看工业革命这一视点审视曼彻斯特，我有了新发现：在曼彻斯特的市政厅附近建有美国林肯总统的雕像。这就没有不去的理由了。

我们在市政厅前下了大巴，径直前往雕像所在地。那里会不会刻有林肯写给曼彻斯特工人的信呢？可能是因为经受了风吹雨打，雕像下方的刻字已被侵蚀，无法辨认。

---

[1]《马克思恩格斯全集》第39卷，人民出版社1974年版，第452页。

　　之后我在网上搜索了一下，这是写于1863年1月19日，南北战争正盛时的一封信。曼彻斯特的工人反对美国南部各州将以人权为基础的政府替换为奴隶制政府的企图，并进行了相应的斗争。在这封信中，林肯总统对此表示支持，这是一封以团结为目的的信。

　　原来如此。曼彻斯特工人和林肯的关系并不是模棱两可的。连马克思也加入其中。

马克思支持林肯

　　在当时的美国，北部的辉格党与民主党党内反对奴隶制的人联合起来，结成了共和党。林肯提出反对奴隶制的口号，成为共和党的总统候选人，马克思在《纽约每日论坛报》发表文章，支持林肯。

　　在1860年的总统选举中，林肯取得胜利。美国南部宣布独立，南北战争爆发了。这也对英国造成了影响。因为英国南部的港口被封锁，棉花的出口变得困难。据说，在英国进口的棉花中，有3/4来自美国，而现在却降到5%。1862年，有60%的工厂停业，纺纱工人的完全雇佣率跌至10%左右。这演变为"棉花饥荒"。

　　美国南部各州利用了这点。他们派代表至英国，鼓吹"变

林肯雕像

成这样都是林肯的错"，试图获得支持。包括曼彻斯特在内的兰开夏郡的工人对此进行了反击，"给奴隶自由"的署名请愿便开始了。林肯就是在这种背景下给曼彻斯特的工人写信的。

谋求奴隶解放的英国工人运动逐渐扩大。1863年3月，根据马克思的提案，在伦敦召开了支援美国北部的大集会。1864年3月，林肯再次当选总统，随即由马克思执笔，国际工人协会向林肯发去了贺信。林肯对众多的贺信都给予了回礼，但给予国际工人协会的回礼不是仅仅出于礼貌的回信，而是有内容的。这一点是众所周知的。

国际工人协会的这份贺信写明了支持林肯的原因。看了这封信就能知道，曼彻斯特的工人即使处于棉花饥荒的困境中，也仍然为解放奴隶而斗争的原因。这封信是这样的：

> 我们把南北战争当作自己的事情。我们认为这是一场有关美国会成为劳动者的国家还是奴隶主的国家的战争。美国虽是民主共和制的国家，但为30万奴隶主所控制。因此当战争爆发时，欧洲的工人感到这不是他人之事，认为这是一场由资产阶级挑起的，针对工人的战争。
>
> 如果奴隶主取得胜利，那么好不容易获得的工厂法等权利都将毁于一旦。我们默默忍受"棉花饥荒"

所带来的困苦也是因为这些。虽然英国的工厂命令我们支持南部，但我们没有听从他们的命令，还进行了"北部加油"的募捐。

如果美国工人放下心来，觉得"我们比奴隶强，还有比我们更低贱的"，那应该就不是真正的自由。因此理应通过南北战争的胜利，开辟工人阶级的新时代。我们希望林肯能够作为工人阶级的代表，继续努力。

这应该能够回答池田香代子女士之前的疑问吧。

奴隶博物馆

到达利物浦的第二天，我们就去了奴隶博物馆。

首先介绍一下池田女士感受到的震惊吧。博物馆内放着一段有关奴隶从非洲被带到某地的影像资料。实际上，被带到美国的奴隶只是其中的一小部分。根据某项研究显示，从1451年到1870年，奴隶输出大约为956万人，而被带到美国的奴隶只有40万人。最多的是巴西（约365万人），然后是牙买加、格林纳达等英属加勒比地区（约166万人），圣多明各等法属加勒比海地区（约160万人），西属美洲地区（约155万人）。有关奴隶的总数，也有人认为最多达1亿人，这一点不太确定。

　　这之后，我们一行便在街上自由活动。大家应该尽情领略了披头士的风采吧。参观"披头士乐队传奇博物馆"的同行者告诉我，他们有了"不得了的发现"。披头士的第八张专辑《比伯军曹寂寞芳心俱乐部》（*Sgt.Pepper's Lonely Hearts Club Band*）在世界范围内的销量超过3200万张，大受欢迎，而这张专辑的封面与马克思有关。

　　该专辑的设定，是一支与该专辑同名的虚构俱乐部的演奏，而马克思是其中一员。第二排从右向左数第五个人便是马克思。店内说明书上写着"德国哲学家，共产主义的创始人"。

倾听指南

三月二十八日

　　早上，我们一行坐火车从利物浦出发，前往最后一站——伦敦。历经三个半小时，我们到达了目的地。这一天的第一个亮点自然是马克思墓。马克思被埋葬在伦敦郊外的海格特公墓。

　　请看这个墓地的导览图。这里埋葬着许多有名的人士，马克思墓在正中间的位置。可能来马克思墓祭拜的人比较多吧。我们一行也在墓碑前拍了纪念照。

　　不过大家不要被导览图误导。马克思希望自己死后被简单地安葬。1883年，按照马克思的遗愿，人们将他埋葬在朴素的墓碑之下。据特里尔的赫雷斯先生说，现在这个大纪念碑（新墓）修建于1956年。因为各国的共产党代表团前来参拜，希望有一个比较大的地方，方便大家集合。基碑上方的马克思铜头像无疑是根据20世纪的情况而建造的。但至少这里的土

墓地导览图

在马克思的新墓前（摄影：片桐资喜）

是从马克思最初的墓地运过来的。

　　不管怎样，献花是在马克思最初的坟地。合掌!

　　总之，我们完成了此次旅行最大的目的之一——在马克思墓前献花。后来，我们还参观了大本钟、威斯敏斯特教堂等。那么，就让我们来倾听内田先生和石川先生的最后一次对谈吧!

对谈 II

松竹： 拜托了。

石川： 今天我先讲20分钟，再请内田先生发言，后面就和往常一样，一切顺其自然。

会场：（笑）

石川： 今天是3月28日，是我59周岁的生日，真是高兴啊。

会场：（拍手）

石川发言：什么是资本主义，如何改变资本主义

哈哈哈，谢谢大家。明年就到花甲之年了，但我总感觉前几日还被人说"年少气盛"呢。或许说这样的话本身，就是上了年纪的证明吧。

明天是3月29日，是实施"安保法"，也就是"战争法"的日子。为了表示抗议，已经有很多人聚集在国会前了。同时，很多警察也已经开始行动，在国会前放置铁栅栏，以限制人们自由活动。推特上全是这样的消息。

接下来进入正题吧，虽然我也不知道正题是什么。

因为是第一次来欧洲，所以我有很多感触。比如在这次旅行中，我切身感受到了日本资本主义同德国资本主义、英国资本主义在类型上的差异。

虽然都是资本主义，但仅在"认真保留旧的东西，爱惜可以使用的东西的社会"与"比起使用，更注重将其破坏从而创造新东西的社会"这一点上，就有非常多的不同。这里至今还保留着罗马时代的东西，的确很了不起，但这与重新开发"压箱底的东西"的日本非常不同。

今天带着我们到处参观的导游谈到了贫富差距。话刚说完，他便开始自言自语，嘟囔了好几遍"这就是资本主义啊"！我仔细想了想，此次旅行中我们还没有谈论过马克思研

究的最核心部分——什么是资本主义，所以今晚我想简单介绍一下有关这方面的内容。

在德国，池田女士和松竹先生为我们讲了有关1848年革命、法兰克福议会的事情。马克思在革命爆发前写了《共产党宣言》，诉说了由资本主义社会向共产主义社会发展的愿景，以及为实现这一愿景而进行工人斗争的必要性等。

29岁的马克思认为资本主义已经处于末期阶段，所以他确实因革命爆发而兴奋不已。当时的马克思认为，资本主义已经处于末期的最大依据便是恐慌，这证明了资本主义的生产关系无法适应不断提高的生产力，也就是所谓的资本主义的"悲鸣""痉挛"。

怀着激动的心情回到德国的马克思发表了《共产党在德国的要求》。在这篇文章中，马克思用简洁的语言概括了在这次革命中需要实现的东西。其中第一条便是赋予20岁以上的所有男女选举权。不仅限于高额纳税者，也不仅限于成年男性，也不排除犹太人，马克思要求不区分这一切，赋予所有市民选举权，并在此基础上实现彻底的主权在民。由于保留君主制的法兰克福宪法没有达到马克思这一强烈要求，所以他严厉批评了该宪法。

这场革命以失败告终。马克思逃到了我们现在所在的伦敦，之后恩格斯也来到英国。1850—1869年的20年间，恩格斯在曼彻斯特过着白天是资本家、晚上是革命者的生活，他以汇款的方式一直支援着马克思一家的生活。恩格斯出生于1820年，所以这正好是他30—50岁的20年，真是宝贵又漫长的时光啊。

在这期间，马克思深入思考有关1848年革命没能取胜的原因。正如上次内田先生介绍的那样，马克思还为《纽约每日论坛报》等报纸写些有关国际政治、社会动向的评论文章。写这些评论文章也是为了获得一些收入。

与此同时，马克思终于鼓起干劲，开始为《资本论》的写作做准备。他阅读大量以经济学关系为中心的文献，摘录要点，撰写草稿。明天，我们要前往的大英博物馆便是他的主要工作场所。

马克思在1867年，也就是他49岁时，出版了《资本论》的第一卷。这时，《共产党宣言》的发表和德国1848年革命已经过去了快20年。在这20年间，马克思理论取得了极大的进步。在这里，我将跳过马克思理论的变化过程，只介绍已经成熟的马克思的资本主义论。

马克思认为人类社会的构造是以经济为基础的。经过多年的研究，马克思这样理解人类社会的内部关系：如果经济是共同的，则政治和社会意识也将变成共同的；如果经济是敌对的，则在政治和社会意识领域便会出现敌对性。马克思还将人类社会的历史大致分为原始共同体社会、古代奴隶制社会、中世纪封建制社会和近代资本主义社会。

那么资本主义阶段的人类社会有怎样的特征呢？马克思在其中看到了"有产者和无产者"的对立。具体来说，就是资本家（资产阶级）和工人（无产阶级）的对立。

"有产者"和"无产者"的对立不仅体现在是否是"有钱人"、消费是否主要集中在食物上。马克思所看到的是其背后"占有生产资料者和不占有生产资料者"的对立。

生产资料指的是，只要加入劳动力便能进行经济活动的经营资源，如工厂、公司、事务所、零件、原料等。是否占有生产资料造成了经济社会中地位的差别——雇用者和被雇用者——这是拉开生活水平差距的根本原因。的确，处于日本富裕阶级上层的都是大企业经营者。

"无产者"（工人）过着怎样的生活呢？他们是靠出卖劳动力为生的。合同规定了工人一天的工作时间、一个月的工作天数，以及能获得的收入总额。工人基于这样的合同所赚得的钱便是"工资"。

在日常生活中，有很多类似"薪金"的词，但是在劳动基准法等法律中，包括奖金在内，劳动（力）的价格就是"工资"。劳动力的"买方"便是需要劳动力的、占有生产资料的人，即资本家。找工作便是寻找劳动力销售地的活动。

马克思认为，通过资本家和劳动者的结合、生产资料和劳动力的结合来进行主要经济活动，便是以资本主义社会为基础而形成的资本主义经济的特征。

从其他角度出发，马克思认为资本主义经济还存在另一个特征——资本家对利润的追求是经济活动的原动力。经济活动的目的并不是使社会富裕，而是使"我的公司"富裕。

社会已经如此贫困，难道不能为社会拿出一部分利润吗？一定会有很多人这样想吧。但是社会中存在着一种机制，使得资本家无法那样做。这个机制就是资本家之间的竞争。在竞争中失败，"我的公司"就会倒闭，或者被收购。那么为了不在竞争中失败，就必须最大限度地追求利益。这是资本主义的一大特征，并且这种经济关系的实际情况也表现在政治、法律、社会意识等领域。

在现代日本，有40%的劳动力属于非正规雇用劳动者。我有三个孩子，分别是30岁、28岁、26岁，"40%非正规"的现实在我家也有所体现。我的大儿子今年28岁，在工厂工作，他便是非正规雇用劳动者。有60%的男性非正规雇用者和90%的女性非正规雇用者的月收入都不到20万日元，我的儿子也在其中。他已经结婚了，他的妻子也是非正规雇用者。但他的妻子因为生育而无法工作。这样一来，一家三口只能靠这不到

20万日元的月收入生活。这样的生活真是非常艰苦啊。

在日本，实际工资和家庭经济的平均所得最高的时候是在1997年。将其击溃的最恶劣手段，便是由法律改革造成的非正规雇用的扩大。我的儿子是受害者，孙子也是受害者。进行法律改革的是国会议员，而强烈要求这样做的则是经济团体联合会等经济界团体。也就是说，这是人祸。

为什么资本要让工人以这样残酷的方式进行劳动呢？资本要求自己公司的工人做得比其他公司的工人"更多更好"，但是却只打算给工人"更少的工资"。因为这是扩大"我的公司"的利润的最好方法。

马克思将工人通过劳动生产出来的经济价值和工人所得到的劳动力价值（工资）之差称为"剩余价值"，他认为这是资本获得"利润"的源泉。这是在亚当·斯密、大卫·李嘉图等古典派经济学的基础上形成的研究，是经济学史上的主流成果。

因为劳资关系具有这样的内情，所以在纺纱工厂会发生儿童钻入机器底下拾棉絮而被机器所夹，以致失去胳膊，甚至丧失性命。《资本论》介绍了许多有关工人丧命的统计数据，讲述了大量"过劳死"的事例。

在这种情况下，英国爆发了以限制劳动时间为目的的运动。资本主义的最初阶段是没有限制劳动时间的法律的。工人陷入无法生存下去的困境之后，运动便开始了。最初，运动是从缩短儿童、女性劳动时间的斗争开始的。马克思将此描述为长达半世纪的与资产阶级斗争的"内乱"。

工人虽然没有选举权，但运动的情势惊动了议会。议会在颁布了几部有名无实的法律后，终于在1833年制定出首部具有实效性的工厂法和工作时间限制法，禁止未满9岁的儿童劳动，未满13岁的儿童每周工作时间不得超过48个小时，禁止未满18岁的工人在夜间工作，成人每天的劳动时间不得超过12个小时。

现在看来，这些规定会让我们惊讶"哪里对工作时间进行了限制"，但这是凭借工人的力量抑制资本的肆意妄为，赋予劳资关系公正规则的历史的第一步。同时，这部法律还决定设置劳动基准监督官。由此，工人揭发经营者违反法律首次成为可能。现代日本也有劳动基准监督署。

此后，19世纪、20世纪、21世纪，随着时间的推移，推进劳资关系公正化的努力取得了许多成果。最近，新自由主义的逆流引人注目，但是纵观历史大局我们便能发现，推进劳资关系公正化的进展还是很明了的。德国和法国的周工作时间是35个小时，每年有5周或6周的带薪休假。

说到资本主义的发展，大家可能只注意到了资本家为追求利润而进行的新商品开发以及生产力的发展，但实际上，劳动条件的改善以及由此带来的工人生活水平的提高，在很大程度上支撑着资本主义的发展。

生产必须由消费来保证，而在资本主义的历史发展中，最大的且在不断扩大的消费部分是个人消费。也就是说，通过工资和社会保障的扩充而实现工人生活水平的改善，也是支撑资本主义经济发展的一大要因。

现代日本异常的经济低增长、停止增长被称为"失去的二十年"，这本质上是由劳资关系的急速不公正化导致的。迫在眉睫的问题是，与欧美相比，日本的工人运动力量弱。1974年，日本出现了罢工运动的高潮。之后，罢工运动逐渐无法进行。此外，由于工会运动被经团联、日经联等大资本经营者集团阻断，以加薪为目的的斗争也逐渐无法进行。这种社会影响力的低下不仅造成工人、市民生活水平的下降，还造成国内消费力的萎缩。这些都是造成"日本经济无增长"的主要原因。

年纪稍大的人应该都知道《啊，野麦岭》吧。这部电影清晰地描绘了强制纺纱业的女工——现在回想起来，应该是"儿童"——进行长时间、高强度劳动的野蛮劳资关系。工厂实行寄宿制，女工们被关在和监狱差不多的宿舍中。宿舍的饮食也非常差，女工们非常愤怒。

《女工哀史》一书中描述的女工们的饮食也是如此：饭里基本上没有正经的配菜，一日三餐净是腌萝卜干。当时，女工们进行斗争的重要主题便是"让我们吃些好的"。《啊，野麦

岭》描述的是明治后期的事情，但其实从更早的时期起就有了
女工们的斗争，这是日本工会运动的先驱。

日本资本主义的形成本就晚于欧美，再加上第二次世界大
战前又被"大日本帝国"的国家权力野蛮镇压，所以工人运
动，特别是工会运动很晚才广泛扎根于社会中。

即便如此，日本工人们的斗争也没有断绝。虽然存在着
"三六协定"这样的大弱点，但日本仍在第二次世界大战后制
定了劳动基准法。此外，虽然金额非常低，但还是制定了最低
工资法等推进劳资关系公正化的法律保障。

马克思严厉指出，资本主义的历史局限，即只要资本主义
还是资本主义，那资本家在经济上榨取工人这一关系就不会改
变。马克思重视突破资本主义历史局限的同时，也同样重视资
本主义的改良。只要工人不接受被资本毁灭，就必须抑制资
本。正是因为这样的斗争不断反复，才能不断加深、拓宽人们
对资本主义历史局限的认识。

也就是说，不是在"革命"和"改良"中二选一，而是不
断对资本主义进行部分改良，进而迎来从根本上转变资本主义
经济应有状态的革命。马克思就是这样将二者联系在一起的。

在《共产党宣言》时的不成熟阶段，马克思的革命论是
"苦难中，如有机遇，工人就会站起来"的法国革命型。这个

"机遇"是由周期性的经济危机、恐慌赋予的。的确，1848年革命便是恐慌和时代相结合的产物。

1857年，恐慌再次发生，但在欧洲却没有出现大变革的动向。面对这样的现实，马克思进一步深化了资本主义的研究。

一方面，马克思认为，恐慌仅仅是资本主义步入新的产业循环的入口，无法揭示资本主义的局限，它是资本主义日常的生活路径。另一方面，马克思意识到工人的斗争并不是只要生活困苦就会自然展开的，有必要进行事先组织。他的革命论转变为通过选举和议会，依照多数人的意见，阶段性推进斗争，从而实现革命。

通过民主的方式建立起来的政府，会废除个别资本追求利润的根基，即生产资料私有，并将其转变为社会全体的财产。此外，政府还将之前对立的劳资关系转变为共同的人类关系，结束资本间追求利润的竞争。这是革命权力进行经济改革的核心。

但是，仅仅将生产资料的所有者从资本家转移到社会，经济是无法顺利运行的，必须让社会的构成人员掌握"为大家"有效利用生产资料的能力。随着这一能力的成熟，新社会内部也将逐渐富裕起来。马克思期待着这种根本性的改革，他称那个阶段的人类社会为共产主义社会。

"20世纪的马克思"认为，无产阶级专政（革命的权力）

无论何时都要靠暴力维持，工人政权诞生于铁炮中。但这些都偏离了马克思的"实像"。

实际上，不管我们是否意识到这点，"建立废除安保关联法的政府吧""夏天的参议院选举就是第一步"这样的现代日本的运动，在思维方式的根源上是与"19世纪的马克思"紧密相连的。

已经过了20分钟，想必大家都想早点喝啤酒、吃美味的中华料理了吧。我就讲到这里吧。

参考资料

▼

1886 年雨宫缫丝厂的女工罢工

当时县内的缫丝业者成立了行会，制定了《女工管理规定》，将原来14个小时的实际工作时间又延长了30分钟，将原来工作优秀情况下一日32、33钱的工资降至一日22、23钱。雨宫缫丝的女工们无法忍受这些苛刻的规定，于6月14日占据了附近的寺庙，进行罢工。

她们之前从工厂附近去上班，"根据行会的苛刻规定，稍微迟到一点就会被毫不留情地扣工资。不必说上厕所了，连喝杯水的闲暇都没有。女工们发怒了，雇主结成同盟，制定苛刻的制度，如果我们不结成同盟就会处于不利地位。在优胜劣汰的今天，我们不能犹豫了，必须放手一搏！先发制人，后发制于人。想来，哪个工厂的女工没有不满？反抗就从这个纺纱厂开始。竹、松、虎……就像响应这连绵的回声一般……"于是，女工们一齐离开工作岗位，占据了附近的寺庙。山梨日日报（明治19年6月16日）如是记述。

对此，厂方十分震惊，与罢工运动的代表进行了交谈。随后，工厂于6月16日将上班时间放宽了1个小时，并承诺考虑给予人们其他优待政策。就这样，这次争议得到了解决。雨宫缫丝的这场罢工扩大至泽野井缫丝、丸山缫丝、长田缫丝等为同样规定所苦的工厂。[①]

当日本资本主义发展到产业资本主义阶段时，日本首次成立了近代工会。从1887年（明治20年）开始，便有试图在铁工、活版工之间成立工会的运动。这一时期，从美国回来的高野房太郎、片山潜等革命先知于1897年（明治30年）成立了工会促成会。在他们的推动下，同年12月铁工工会成立了，日本铁道矫正会也在次年成立起来。[②]

①猿桥真：《日本工人运动史：学习积极且战斗的传统》，学习之友社2001年版，第22—23页。
②同上书，第24页。

内田发言：演变的资本主义与直接引进的资本主义

接下来轮到我了。大家也许发现了，我感冒了，身体状况非常不好。所以我没法像石川先生那样有条理地进行演讲，只能零零散散地讲些我想到的东西，或许会与石川先生所说的内容有重复。

这次来到欧洲，虽然时间很短，只游览了有限的几个地方，但漫步德国和英国，我最切身的感受便是"政治思想正在化为肉身"。任何政治思想都诞生于人类的生活，都有自己的根基（身体）。思想和理论都是从其中诞生的。

刚才石川先生提到，《女工哀史》中劳动法的萌芽是从"饭难吃""请给我们改善伙食"中诞生的。"波将金号"战斗舰的叛乱也是因为"午饭时，罗宋汤中的肉是腐烂的"这一问题而爆发的。我认为，从伙食问题发展到社会运动是合情合理的，因为最终告知体制"已经无法忍受"，然后进行叛乱的是身体。

恩格斯在《英国工人阶级状况》中报告了19世纪40年代到50年代英国儿童劳动和女性劳动的糟糕状况，后来马克思将其引用在《资本论》第一卷中。从理论上对此进行讨论以前，仅仅读到这些被列举出来的具体事例，我都会因愤怒而颤抖。

为什么这样破坏人的身体呢？为什么要如此压制"想休息、想吃饭、想睡觉"这些人类最基本的欲望呢？"这不是人的生活方式，必须推翻迫使我们过这种生活的制度"，这是身体切实感受到的。某一制度达到制度疲劳的界限而被推翻时，最先发声的是身体。

不管怎么说，为了进行再生产，人的身体都必须一天休息八小时左右，一天吃三顿饭，有时还需要洗澡、喝点酒等，不做这些事就无法进行再生产。再者，经济活动本来就是为了满足人的身体欲求而开始的，是为了满足衣食住。这些以满足衣食住为目的的经济活动都会被挂上"身体"这一限制器。

经济活动原本是基于人的身体欲求而开始的，一旦达到上限，就不能更多地要求身体了。一天吃三顿饭却不能超过三顿。虽然一天也能吃四五顿饭，但那样身体会垮掉。房子也是如此。人只能住一栋房子，但有人觉得拥有几十栋房子也无所谓，过着"绕圈儿的生活"。即使这样，如果每个季节住一栋房子，四栋也已经是极限了，不能再拥有更多了。衣服也是如此。一次只能穿一件衣服，如果接连不断地更换衣服，只会感到疲惫。即使每天让三星的厨师做饭，很快也会厌倦，可能还会说出"已经够了""茶泡饭配上腌萝卜干就够了"这样的话。"再生产也没有用了"，市场饱和了。

现在的全球经济活动已经超越了人类身体的界限。在超富裕阶层中，有许多人拥有天文数字的个人资产，却不知道自己究竟有多少资产，也不知道如何使用，甚至不知道拥有这些资产的意义。他们有一生都用不完的钱。

这些人应该没有进行经济活动的动力了，因为他们已经将经济活动的模式切换为与身体欲求无关的模式。他们进行的已经不是买卖物品的经济活动，而是"用钱买钱"的经济活动。现在的股票交易都是由计算机算法处理的，于是超速买卖成为可能，一秒内可以完成1000次交易。

其中已经没有施展人的欲望、思考、投机等想法的余地了。"现在的行情是往这儿走的，如果将计就计，在此卖空……"，如今人们已经不再这样思考。

因为进行这样的思考需要花费一分钟左右，而在这一分钟的时间内机器已经完成了几十万次的交易。好不容易想好了要怎么做，一看显示器，现在的行情和一分钟前已经完全不同了。这样的事情非常多。经济活动发展到这种地步已经超越了人的常识。

因此无论在什么时代，体制都会失控。体制必然会失控，它开始自己增殖、自己模仿。无论是经济体制、政治体制，还是文化机制、宗教、意识形态等，最终能够抑制体制的——石川先生将"抑制"一词作为关键词提出——便是人的身体。

有人会觉得"这对人来说是不是有些勉强"，但我认为到目前为止，这种"人本该是什么样"的抑制一直在抑制着体制的失控。

在短时间内游览了德国和英国后，我感到资本主义是拥有身体的。在曼彻斯特看到织布机时，这种感觉尤为强烈。我觉得摆在那儿的机器栩栩如生，它仿佛有表情，有身体性。这些与人敌对的机器给了我一种"不祥"的感觉。

这时我想起了一则轶事。那是蒸汽机被发明出来时的事。在思考蒸汽机是否能运用到交通工具上时，人们首先想到的便是"铁马"。在此之前的运输都是依靠马拉货车来实现的，所以人们自然就想到了"拉货车的铁马形式的蒸汽机"。斯蒂芬森注意到，即使没有牵引的东西，只要货车的车轮能够自己转动便能前进。这看起来简单，做起来却很难。有办法做到吗？

我们生活在已经有了蒸汽机车的世界中，所以当我们接到"利用蒸汽机制作运输工具"这项任务时，都会觉得应该是与斯蒂芬森制造的蒸汽机车类似的东西。但实际上并不是这样。

比起蒸汽机车，当时的人们大概应该会先想到"像铁马一样牵引货车的装置"。这种想法是合乎道理的。如果在斯蒂芬森发明蒸汽机车前，有人制造了会动的"铁马"，人们可能会以为蒸汽机车是由"铁马"进化而来的。

这样说来，法兰克福也有类似的东西——巨大的铁锤男。我觉得那也是人们在思考"毁坏东西"的动作时，想象出"人用手挥舞巨大的铁锤"这个动作，然后制造出来的东西。

在制造机器时，人类必然会将手脚的功能通过机械表现出来。只要是按照这种方式制造机器，那么无论是什么机器，都会在某处留有人性的碎片。

那个纺纱机器最初也是将人的手工作业进行机械式展开的产物。仔细观察机器的运作就会发现，"将人的关节动作进行机械式演绎后，就会变成这样"，会让人觉得"机械装置的产生过程的确与人的肉体有关"。此外，机器似乎还有一种活着的感觉，令人"感到不快"。"感到不快"是因为明明这只是个机器，却让人觉得它有生命，有一种肉体感。

我认为，机械具有肉体感，是体制与在其中工作的人之间唯一的对话方式，或者说是"可以依靠的点"。

人类拥有肉体，机械也有某种身体性。这两种身体一直斗争着。即使是19世纪贪婪的资本家，他们的基本动机也是"想要住更好的房子""想要吃美味的食物""想要穿漂亮的衣服"，这都是身体的欲求。毕竟是人的肉体欲望，所以资本家即使剥削工人也是有限度的。不仅有限度，他们的欲望及其丑恶也都一清二楚地显露出来。

马克思在《资本论》最开始的部分举了这样的例子：为迎接英国皇太子妃，上流社会决定举办宫廷舞会。为该舞会制作礼服的洋服店女工们，为了"魔法般瞬间做完贵妇们的衣服"，被迫连续工作二十六个半小时，其中一名少女由于过度疲劳而死亡。制作者因制作别人要穿的礼服而死亡。

铁锤男

　　一边是在地窖般的工作环境中几乎窒息而死的女工们，另一边是身着华丽礼服享受舞会的贵妇们，二者形成了鲜明的对比。我清楚地感受到，资本主义的商品生产机制"仅是为了从工人的劳动中榨取相应量的剩余劳动而存在的"。即使无法理解马克思抽象的商品论，我们也能亲眼看到榨取工人生命的商品给资本家们带去了财富这一事实。

　　资本制的生产模式也是"不祥"的，有相应的身体性。虽然既丑恶又邪恶，但它"长着人脸"。体制正在"化为肉身"，所以工人对资本家的反抗也是从身体的欲望开始的。当工人们产生"想在床上睡觉""想再休息一下""想吃更好的东西"这样的想法时，又或者他们已经意识到如果继续在这样的劳动环境中工作身体就会垮掉时，抵抗便开始了。

　　资本主义和工人运动，机器和工人，这些不是抽象的概念，而是身体与身体的相互碰撞。我在这次的德国和英国之旅中明白了这点。此外，我还明白了"资本主义的发展就是榨取一方，使其逐渐失去身体性的过程"。

　　因为纺织机器是"面相不祥"的机器，所以卢德等人把愤怒转向机器并将其破坏。如果只是破坏体制的话，只要闯进资本家的办公室，撕毁并丢掉账簿和文件就可以了。只要控制住管理部门，工厂便能停工。但是，卢德他们并没有这样做，他们只是毁坏了机器。那些机器"像人一样"。设计机器的人自己也是这样想的，所以我们能从机器的造型上感受到"像人一般的邪恶和暴力"。

回过头来看，日本是什么情况呢？我觉得日本的资本主义生产方式没有"化为肉身"的感觉。即使是纺纱工厂的机制，也是从其他国家引进的、已经完成的体制，没有经历将人所拥有的四肢功能机械式地展开，从而制造出邪恶的、令人感到压抑的和被剥削的机器这一"进化"的过程，直接到了成型。对工人来说，这个机器中不存在"可以依靠的点"，因为机器"没有长着人脸"。

其他国家也没有这个过程。人们不知道曾经存在过资本主义体制"长着人脸"的时代。在那些研究马克思和各种社会主义文献，并以此组织革命运动的国家中，剥削装置没有"化为肉身"，反对运动也没有足够的身体性。

不是身体面对身体，而是事理面对事理，假想的东西与假想的东西相对立。我认为，这是按照资本主义发展阶段的顺序进行发展的国家和引进完整资本主义体制的国家的最大差别。

现在，世界性的左翼逆潮开始了，我在最初的对谈中也提到过这一点。美国的伯尼·桑德斯终于在前几日拿下了阿拉斯加州、夏威夷州、密歇根州和华盛顿。英国的工人党党首杰里米·科尔宾本不被看好，却因提出大学无偿化、反对核电站、将转向民间的国营企业再国有化等明显的社会民主主义政策而获得了年轻人的支持。

此前在西班牙，出现了名为Podemos的左翼势力。短时间内，该势力得到扩大，成为议会第三大政党。这些政党基本上都是政治新人建立起来的。加拿大的贾斯汀·特鲁多也在不断地实行自由主义政策。

我觉得相比"左翼逆潮"，这些可能更是"身体的逆潮"。在华尔街赚钱的人们积攒着远远超过其自身身体欲求的资产。他们虽然还希望获得更多，但已经没有支撑这些欲望的身体了。只要增减显示屏上的数字，在敲打键盘时个人资产就会不断增加，成为天文数字。他们看不见自己正在剥削和榨取的是哪个国家的、什么样的工人。实际上，被榨取的工人失去了发泄愤怒的对象。

在马克思的时代，既存在着食不果腹的工人，也会有资本家们在豪宅里饱食终日。工人被迫长时间工作，而资本家们在旁边打鼾熟睡。剥削人的资本家和被剥削的工人通过肉身连接在一起，所以他们彼此之间很容易明白是谁在剥削谁。

现代就不一样了，已经无法明白是谁在剥削谁了。体制没有脸，也没有身体，完全把握不住。连谁从中受益、谁在抑制，都不清楚，然而剥削的强度却在不断增大。我觉得这是资本主义达到了"进化极限"的姿态。

虽然有些国家经济发展迅速，但在这个过程中大气污染极其严重。劝说人们"暂时屏住呼吸，从而保持经济在一段时间内高速增长"是行不通的。人必须靠呼吸空气才能生存下去。即使牺牲经济发展，也必须稳定地维护人类共同体延续下去所必需的"社会共通资本"——大气、水质、森林、海洋等自然环境，稳定地管理社会性通货膨胀，以及司法、医疗、教育、行政等制度资本。

虽然19世纪的资本家想让工人24小时不休息一直工作，但如果这样做，工人就会死亡，所以他们不得不接受工作时间的上限，这也是同样的道理。那时的制度本身不在意大气是否被污染，水是否能够饮用，可是人是无法在这种环境中生存的。

资本主义到了进化的极限，就需要直面"能将人的身体毁坏到什么程度"这一问题。对此，人的身体开始了抵抗。为什么我们必须以生病、死亡为代价去发展经济呢？为什么企业必须不断提高盈利呢？人们不明白这些。

经济活动最初是为了满足人的各种欲望而开始的，如今却沦落为必须压抑人的欲望才能维持，这不是偏离了最初的轨道吗？人的身体要求恢复失去的权利。

我觉得日本现在的政治状况与这很相似。去年夏天，我参加了抗议安保法的国会前集会——有参加过很多次的人，电视台也进行了报道——国会中的"大叔们"紧握拳头互相殴打，大喊"快点改变国家的形式"，乱成一团。而外面的人们在高呼"保卫宪法""保卫民主""在野党加油"。

我站在那儿，非常震惊。年轻人主张"不要改变制度"，而当权者则"希望改变"。我以前从未见过这样的对立。一般来说，年轻人是改革派，而老人们是保守派，现在却正好相反。年轻人拒绝"继续改变"，希望停下脚步。

我觉得安倍政权可以称得上是"过激派"，也可以说是"革命政权"。变革本就符合自民党的基本方针，但其规模和速度不对。它不是走走停停，而是踩着加速器。

改宪是自民党建党以来的宏愿，但是到目前为止，没有在短时间内完成改宪的先例。这种追求异常速度的做法，与一秒内不完成1000次股票交易就无法盘活资金的资本主义经济活动的末期症状十分相似。它们都已经超过了人类身体的承受极限。

年轻人首先站了出来，发出"请稍微停一下"的声音。对此，当权者以"有不同提案吗"进行反驳，年轻人则回答："没有不同提案。我们的意思是能不能放慢脚步？"面对要求社会改变的现状，年轻人发起政治运动，高呼"停止"。

我想，这在日本的政治史上还是第一次吧。过去，年轻人对如何改变社会制度曾进行激烈争论，但在我的记忆中，国会外的市民运动或者大众运动从未提出过"请等一下"，"先停下来，慢慢研究现行机制的好坏"等希望"当局冷静下来"的要求。

我认为这是日本政治运动首次获得身体性的划时代事件。我自己在20世纪六七十年代参加的左翼政治运动完全没有身体性。虽然高呼身体性，但实际上就像假想的运动一样。

这是因为，大学校园内举行示威游行，同其他党派争吵、互相扔石头或殴打时，学生们会突然消失。接着是这样的对话："喂，你为什么回去了？""哎呀，接下来有体育课啊。"

有一次，我和驹场某党派的干部在大学校园内相遇，因为第二天在成田有集会，我便问他："明天你去成田吗？"他愤然回答："怎么可能去呢！"我问为什么，他回答道："因为明天有考试啊！"

我在想，如此在意课程的出席次数，重视考试分数的人为什么能说出"你们这些人缺乏革命性"，去高声叱责别的学生呢？

但这在当时是很"普遍"的。因为这些都是"业余"的学生运动，是类似社团活动的东西。所以到了找工作的时期，他们便将头发剪短，穿上西装，系上领带，兴冲冲地去参加公司的面试了。

　　前几日还喊着"打倒日本帝国主义"口号的同伴，内心没有丝毫矛盾和纠结便转变为企业战士了。那时我便想："啊，这些人在政治上没有身体性啊！他们没有扎根于生活。"

　　政治思想和组织论作为纯粹的理论基础，其过激性和整合性也在相互竞争。如何用身体表现，如何用生活表现，这些学生在这方面不太认真。我对他们的表现很失望。也因此，现在的日本学生运动对我来说非常新鲜。

　　SEALDs的年轻人所主张的东西作为政治理论来说并不先进，他们说的是非常平凡、常识性的东西，但是作为运动它又有非凡的一面。那就是它"有身体性"，它"扎根于生活"。

　　他们一边维持自己的生活，学习、打工、约会，一边在闲暇时间进行斗争，这所有的一切都是相连的。既去上课，又参加游行示威，二者处于同样的地位。他们知道如果不这样，便无法承担长期的政治斗争。这是他们的直觉。我觉得这是现在全世界范围内正在发生的事。

　　我觉得在日本发生的也不是"左翼逆潮"，而是"身体的逆潮"；不是提出正确纲领并为之设计运动，而是先有"无法忍受这空气""不能再沉默了""坐立不安"这种现实冲动，然后要求成立组织、寻求理论支持，再逐渐形成运动。

　　运动的起点是身体感觉，是自己生活的实感。这些东西牵引着社会改革运动，是日本政治史上不曾有过的。虽然以前也有过工人们的运动，但都是由"前卫"的思想所领导的。先有工人们的生活实感和身体实感，再自发地成立组织，然后提出纲领，这种情况非常少见。

明治时期的自由民权运动中大概有与之相近的东西，我称之为"反抗的派系"。但在江户幕府末期到明治末期这段时间，确实存在着不屈不挠的反权力潮流。

胜海舟、福泽谕吉、坂本龙马、中江兆民、幸德秋水……我记得有这样的派系。曾经，日本也有秋霜烈日的武士道精神、极高的身体性、热忱的恻隐心与先进的知识浑然一体的思想和运动。

如果这个派系能够延续下去，支撑日本的社会运动和工人运动，那么日本或许也能形成思想"化身"的运动、组织等。但是非常遗憾，幸德秋水被判处死刑后，这个派系就断绝了。

之后，日本只引进外国的社会理论，形成了"左翼的政治思想"。于是从欧美引进的资本主义剥削体制与从欧美引进的社会理论形成了对峙局面。

在特里尔看到罗马帝国的遗迹时，我在想"为什么在德国会有罗马的遗迹呢"，但随后我便明白了，因为那是"神圣罗马帝国"吧。纳粹党自称"第三帝国"应该也是出于这个原因。他们主观上认为，德国与罗马帝国是有渊源的。对德国人来说，"帝国"这一概念确实"化为肉身"了。

我在利物浦看到非常空洞的豪奢建筑时，也有同样的感觉。看着花费大量金钱修建的利物浦街景，我有些不舒服——这又是以荒唐的形式剥削全世界财富的产物。

宣扬"有的是钱"而建起来的建筑物，仅仅是为了炫富。从这些建筑物中可以看出建造它们的资本家的人性。的确如此。街景展现了人性。我觉得这很符合欧洲。

欧洲处于厚重的历史积淀之上，那里不仅留有旧的建筑物，还留有旧的体制、旧的感情、旧的生活文化。在此之上便是现行的体制。因而想要制造新东西的时候，也肯定是从这片土壤中产生的，也只能从这片土壤中产生。欧洲有这样的土壤。

日本有这样的土壤吗？比如有从日本的传统中诞生的，从根源批判资本主义机制的思想或者运动吗？我觉得可能没有。因为创造出资本主义的不是日本。只有在创造出资本主义的土壤中才能诞生出抑制它的东西。

我认为，如今在日本所进行的活动正试图突破这个界限。打个比方，因为核电站事故的问题，东京电力的经营集团被起诉了。这是试图曝光那些能看到具体的脸的人。当然，被起诉的经营者们会为自己辩解："我们毕竟只是体制的一个零件。对于企业的过失，我们没被赋予承担其责任的权限。"但是，我觉得将这样为自己辩解的人拉到媒体面前是非常必要的。

体制在活动时，一般尽量不带身体和固有名，所以到了脸被曝光、固有名被弄清的阶段，为保全体制，这些人便会被体制抛弃。在体制中，只有匿名的东西才有自己的位置。制度就是这样设计的。

对此，市民们试图带着身体和固有名与其对峙，向体制方提出要求，"请你们也带着身体和固有名与我们对峙"。我觉得这是符合情理的。

在当今世界，像这样的政治状况应该层出不穷吧。这是我现在才意识到的，来到欧洲终于能够感受到这一点了。我切实感受到"欧洲的资本主义正是从欧洲的土壤中诞生出来的"，是从他们的信仰、语言、礼仪、生活文化中诞生出来的。

前面提到在曼彻斯特看到织物机器，我切实感受到"制造出这些机器的，是人的感情"。画家汉斯·鲁道夫·吉格尔设计了电影《异形》中的怪物，"生物机械"是这个怪物的概念原型。这是机器和人，或者说是机器和生物的结合体。这是一个令人厌恶到战栗的造型，我很佩服吉格尔作家般的独创性。

在看到那些织物机器的同时，我明白了吉格尔在《异形》中所设计的怪物造型也是有着孕育它的土壤的。与吉格尔的异形一样的机器确实存在过。我将拍下的照片传到了推特上，有人评论道："这表情真是凶恶。"

仔细想想，有着"凶恶的表情"的机器，也是从文化中诞生出来的。或许可以这么说，正因为文化有厚度，才能够形成对抗那"凶恶之物"的东西。这次旅行很短暂，我感受到的就是这些了。

对谈和质疑

内田：我嗓子有些干，能让我喝点水吗？我感觉嗓子已经不是我自己的了。啊，茶吗？茶也可以。麻烦你了。石川先生呢？

石川：我没感冒，（笑）所以啤酒也可以。

会场：（笑）

人首先要吃饱穿暖、居有定所

石川：啊，是茶吗？谢谢。（笑）

刚才内田先生的讲话，有很多与马克思有关的地方，或者也可以说全部与马克思有关。比如刚才内田先生谈到与身体性相关的内容时提到，"经济活动原本就是为了满足衣食住"。的确是这样的。

对年轻的马克思来说，确立社会理论的一个重要飞跃点便是《德意志意识形态》。这是马克思与恩格斯一起写的，在马克思和恩格斯生前并未出版成书。

马克思和恩格斯在书中反复强调的一个观点便是："人首先必须先吃、喝、穿、住。"在讨论政治前必须有经济，必须吃饭，有了这些才能维持政治、文化和思想。

在历史长河中，经济会显现出阶段性的变化，资本家和工人的对立便是如今经济的特征。所以我认为，在当今社会，与此对应的政治、文化和思想处于经济之上。

马克思在更年轻一点的时候，因为自身就是犹太人，所以他切身感受到了其他人对犹太人的歧视。有关犹太人解放的问题，马克思认为，仅实现政治解放和政治平等是不够的，没有社会的解放和经济的解放，就无法实现包括犹太人在内的人类的解放。在《德意志意识形态》中，马克思以共产主义革命的形式总结了经济解放这个概念。

生活在现代的我们享受着《日本国宪法》所赋予的法律上的平等，但同时我们也处于贫富差距中。年收入100亿日元的人和月收入不满20万日元的我的儿子，因为在政治上是平等的，所以就可以不理会其中的差距了吗？这显然是行不通的。这就是马克思的出发点。

货币经济

石川：内田先生提到"无论赚多少钱，奢侈的饮食也是有限度的"，马克思也说过与之相关的话。货币经济的发展，特别是金属货币的实现，使积累多余的财富成为可能。

马克思对以下这些历史发展阶段进行了区分，即制作以交换为目的的生活用品的商品经济（市场经济）、货币成为商品交换不可或缺的要素的货币经济、货币经济发展到连劳动力都可以买卖的资本主义。其中，货币经济的"货币"从依托于盐、家畜、布等物品的阶段转变为依托于金、银等贵金属的阶段。由此，冲动积攒的界限被打破了。

盐、家畜、布匹有使用的限度，积攒过多就会腐烂，但是不会腐烂的贵金属可以一直积攒。于是人们便从"为吃饭而存钱"转变为"虽然不知道用在哪儿，但还是要存钱"。在此之上便是资本主义的竞争规律。持有资本金10亿日元以上的日本大企业，拥有超过300万亿日元的企业内部储备，但是这些也不是锁定"目标"之后而积攒的钱。

内田：嗯……

石川：这些钱是日本国家预算的三倍以上，数量还在一直增加，而国民的平均收入水平在1997年达到最高值之后便一路下跌。这里表现出来的就是不折不扣的"经济两极化"。

内田先生认为必要的"赠与"没有起作用。这是由个别资本家无止境的积蓄冲动造成的。金属货币出现后，资本规律的形成摘下了人的肉体所带有的积攒欲的界限之箍。

此外，我认为内田先生所说的有关机器的内容也和马克思的观点相通。

内田：啊，是吗？

机器是敌人

石川：马克思将当时机器的基本构造分为三部分。现在的机器结构可能更复杂了。

其一是工作机，也就是在机器的最前线，直接对原材料进行具体作业的部分，如"拉纱""捻纱"等。

其二是位于反面的发动机，比如人力、马力、水力、蒸汽机，现在是指引擎、电动机的部分。

其三是将这两部分连接起来的传动机构，比如将电动机的旋转运动转换为敲击运动，或者转换为向上提物品的运动等，这是将运动转换为工作机所需要的形式的部分。

位于前端的工作机的出发点，是工匠的手的动作。制造者在思考如何用工具再现工匠的动作后，对该动作进行模仿。其实，现在也重复着这样的工作流程，就是将传感器放在工匠身上，让电脑进行记忆，然后将其誊写到机器上。

　　对工人来说，工作机是非常容易理解的。看到工作机，工匠会意识到"这就是替代我的东西啊"！因此在机械作业的初期，各地爆发了"机器让我们失业""我们生活困苦都是因为机器"这样的像卢德运动一样破坏机器的工人运动。

参考资料

▼

工作机和工人、卢德运动（马克思）

如果我们仔细看一下工具机或真正的工作机，那么再现在我们面前的，大体上还是手工业者和工场手工业工人所使用的那些器具和工具，尽管它们在形式上往往有很大改变。不过，现在它们已经不是人的工具，而是一个机构的工具或机械工具了。[①]

19世纪最初15年，英国工场手工业区发生的对机器的大规模破坏（特别是由于蒸汽织机的应用），即所谓的卢德运动，为西德茅斯、卡斯尔雷等反雅各宾派政府采取最反动的暴力行动提供了借口。工人要学会把机器和机器的资本主义应用区别开来，从而学会把自己的攻击从物质生产资料本身转向物质生产资料的社会使用形式，这些都是需要时间和经验的。[②]

[①]马克思：《资本论》第1卷，人民出版社2004年版，第429—430页。
[②]同上书，第493页。

内田：这是因为那个运动必须将机器拟人化。

石川：是的。

游牧民族：一切财产都可以移动

内田：刚才，石川先生说了有关积攒欲的界限之箍脱落的内容。我有一个朋友叫作中田考，他是研究伊斯兰教法学的。他涉猎的范围很广，除了"哈里发论"，他还研究"金币的传教士"。

石川：金币？

内田：嗯，他说"财产须以金币的形式携带"。

石川：啊，金币啊。

内田：我问他为什么必须是金币，他说如果是金币，那就有携带量的上限。"财产再多也无所谓"是定居民族的想法。游牧民族过的是移动的生活，所以拥有的财产必须满足能够携带这一条件。像不动产这样不能携带的财产不被算在财产内，因此游牧民族的财产的基本形态便是黄金。金锭重11千克。这是"一旦有事"能背上带走的最大限度。如果有人太贪婪，背了10个金锭，那么他不仅会腰疼，还可能摇摇晃晃地在沙漠中渴死。"拥有的财产量如果超过限度便没意义了"，这其实是个非常高明的理念。金本位制就是人类为防止经济崩溃而想出来的智慧。

现在就完全不同了，因为资产已经变得"无形"了，连纸币都没了。作为电磁脉冲，即使开曼群岛的总资产达到1000万亿日元，其体积也不会变大。资产再多也不会成为障碍。只要敲击键盘，资产在一瞬间就可以转移到地球另一侧的账户里。资产失去了量的差异，也可以说失去了身体性，这是资本主义失控的一个重要原因。

日本也有这样的说法，"无论攒多少钱，也无法带入墓地"。小的时候，我一说有关钱的事情，父亲就会生气。他说："小孩子不该说有关钱的事情！"不仅如此，他甚至还说："小孩子不能接触钱！"

我当时很不理解，现在想来，大概因为父亲是明治时期的人，他们那辈人内心还保留着"货币在本质上是污秽的"这样的宗教禁忌。当然，我父亲是有工作的人，也在经营公司，所以他也被卷入货币经济中，进行各种活动。但是即便如此，面对孩子，他认为"金钱是一种污秽的东西，操作起来很危险，所以像你这样还不明白社会机制的孩子不能用手触摸或者操作金钱"。

到20世纪50年代为止，这种态度在日本都很常见。那样的禁忌是为了防止资本主义经济失控，也是一种"枷锁"。这种枷锁正在一点点被毁坏。这就是日本的现状。

　　大家都想喝啤酒了吧?

　　松竹: 在中途提问不太好, 所以就到此为止吧。接下来就一边喝一边说吧。

倾听指南

三月二十八日续

对谈之后便是晚餐。晚餐是在刚才进行对谈的中华料理店内进行的。店名叫作"中华帝国"（Imperial China）。

这次旅行就快结束了，最后的对谈也结束了，所以现在的气氛很轻松。大家一起为石川先生庆祝生日，还谈了参加旅行的动机和感想。参加这次旅行的还有4名20多岁的年轻人，其中有人表示，读了内田先生的书之后决定了自己的生活方式，他们借此机会向内田先生传达了这份热情。

明天是选择性旅游。晚餐时全体集合，但地点定在了一个非常喧闹的地方。所以，请各位现在就谈谈这次旅行的整体感受吧。

池田：近距离接触年轻人

参加这次旅行，我深切地感受到自己有多么无知。大家都如此努力地学习，这让我很受刺激。我也要努力才行啊。

有的年轻人被内田先生吸引，坚持参加了这次旅行，他们把自己想象成"小内田"。经过这几天的共同生活，他们似乎不再将内田先生视为绝对，能做到更全面地看待内田先生，这意味着他们成长了，迈入了新的阶段。我能够近距离地看到这样的变化，非常感动。

大家说我的行李太少了，我在此向大家解释一下。不管是多少天的旅行，我都只准备两天一晚的行李。我的旅行箱中有三本书，其中一本是体积很大的德语词典。如果每天不翻译点德语，我就会很不舒服。没有翻词典，旅行的乐趣也会减少，所以我一直带着它到处走。旅行箱中放入词典后就没有多余的空间放更多的衣物了，我每天洗完衣服后会先将其拧干，接着将衣服包在浴巾里再次拧干，这样一来，第二天早上衣服就全干了。这是永六辅先生教给我的方法，在这里我也推荐给大家。

石川：互不妥协

谢谢大家为我庆祝生日。

　　我与内田先生在21年前初次相遇。我刚到神户女学院大学工作不久，内田先生便邀请我去喝酒，那天我喝了个烂醉。可能是太晚了，后来内田先生骑着辆很大的摩托车回家了，而我则坐上了阪急电车。到"十三"这一站时，我实在忍不住了。于是我便下了电车，对着垃圾箱呕吐起来。这天是我和内田先生的第一次接触。虽然我很想忘记当时的窘态，但这是令人印象深刻的、难以忘记的相遇之日。

　　在神户女学院大学，有一个名为"极乐滑雪"的旅游项目——合得来的教职员一起去长野县参加四天三夜的滑雪之旅。据说这个项目已经持续了三四十年。我也被邀请加入了这个项目。

　　似乎是在参加旅行的第一年，我们便围绕政治进行了争论。可能也是因为喝了酒，我们一直互不妥协地争论到凌晨三点左右。住在同一个房间的年纪稍大的老师看到这样的情形，发出了禁令："从明天起，在极乐滑雪之旅中禁止讨论政治。"不过，我们推心置腹地讨论，说出自己的真实想法，反而加深了彼此的了解和信任。有关这部分内容，我曾在《青年们，读马克思吧!》里写过。

　　听了这次旅行中我和内田先生的发言，大家应该能明白我和内田先生在意见上有许多分歧。这既是因为我们看问题的角度大不相同，也是因为我们的政治立场有些许不同。但我们知道，彼此都想构建一个适宜人们居住的、每个人都能轻松自在生活的社会。重要的是，我们互相尊重。

最近，不仅仅是书信往来，我们还一起参加酒会，多次对谈，我们在SEALDs关西、关西市民联合等社会运动现场见面的次数也增加了。我觉得这也是加深相互信赖的过程。

我和内田先生写的《青年们，读马克思吧！》不是希望大家读我们所说的东西。正如它的名字一样，这是一本希望大家"阅读马克思本身"的书。

我们希望《青年们，读马克思吧！》能成为青年们去阅读马克思的一个契机，这是我们的目标。在你们当中，肯定还有人没读过这本书，如果有机会请一定读一读。

内田：见了肉身，才能判断

有几位年轻人是因为我而参加了这次旅行。年轻人竟如此认真地读我的书并将其作为自我成长的一个开端。我也听说过这样的事情，但只是听听而已，没放在心上。

今天听说这几位年轻人用打工（一年半）攒下的钱来参加这次旅行，我都要掉眼泪了。但一想到"期待是失望之母"，想到我可能会让这些年轻人经历由期待到失望的传统心理过程，我又会觉得有些抱歉。

　　我就是这么一个普通的人，从不夸大自己，一直过着淡泊的生活，用自己的话来表达所思所想。正如刚才石川先生所说的那样，与他相遇的那天，我也喝得烂醉。喝得太多了，以致都有些神志不清了，忘记了酒后不能骑摩托车这件事。幸好没出什么事故。

　　总之，我和石川先生已经认识20多年了，我觉得他是一个很值得信赖的男人。正如我刚才说过的，我一直在与日本共产党作斗争，有种"不能原谅共产党"的感觉。就在那时，石川先生出现了。比起社会理论，我更相信人，所以见到石川先生时我便在想"可以信任这个男人吗"，他一个人就打破了我对日本社会运动长达几十年的偏见。

　　我甚至觉得这是件好事。终于在前几天，我与志位和夫先生①握手了。虽然一边握着手一边说着"下次我也去代代木②"，但我心里却在想："我也可以去代代木这种地方吗？"这都是在石川先生出现后才发生的事情。

　　归根结底，我是一个看到肉身的人后才能作出判断的人。理论的整体性、纲领是否合适都不重要，重要的是为这些做担保的人。

---

①志位和夫（1954年7月29日—），日本共产党现任领导人。——译者注
②日本共产党中央总部位于日本首都东京的代代木区。——编者注

作为大学教师，石川先生很特别，可以说是饱经风霜，或者说既苦于病痛又苦于贫困，真的是处于无产阶级现实主义的境地之中。但是经过超凡的努力，他终于成为一名大学教师，认真地做着自己的工作。如果我们二人的年龄对调一下，石川先生喊我"喂，内田！"可能会比较生硬。

这次，是我劝说不爱旅游的石川先生来参加这次旅行的，陪我进行这样"险恶"的旅行真是难为他了。参加者没有发怒，没有抓着旅游公司总经理的脖子大骂"你这臭小子"，真是太好了。

倾听指南

三月二十九日

三十日

三十一日

　　29日是选择性旅游。首先当然是要去大英博物馆。不是因为这是伦敦的标志性景点，而是因为我们参加的是"倾听马克思之旅"。

　　众所周知，流亡至伦敦的马克思一边接受着来自曼彻斯特的恩格斯的援助，一边埋头于《资本论》的写作。马克思为了阅览相关的图书和资料，经常前往大英博物馆中的图书馆，这样持续了30多年。

　　1997年，大英博物馆图书馆的功能被转移到了别处。这之后的一段时间，它曾被当作大英博物馆的阅览室来使用。但是很遗憾，现在只能从外面观赏它的样貌。

　　马克思经常往返此处，由此也诞生了许多类似"每次都坐在这个座位上"的传说。实际上，马克思阅读的图书大多属于同一领域，所以即使他不是每次都坐在同一把椅子上，我们也能够推测出他大致的活动范围。

　　因为只能从外边眺望，所以参观很快就结束了。我们一行将大部分时间用在了参观博物馆的希腊展和埃及展上。

　　之后，我们还去了马克思住过的房子，以及召开马克思积极参与的国际工人协会会议的场所等。下午便完全是自由活动时间了。

　　因为是在伦敦，晚餐自然定在了一个酒吧，名叫"Barrow Boy &Banker"。这是伦敦的特色，但不仅如此，酒吧其实与工会的起源有很大关系。

　　产业革命始于18世纪末。当时，工人们下班后便来酒吧借酒消愁。为了保护自己的健康和生命，工人们纷纷凑钱进行储备，以便在需要的时候使用。

　　这样的制度在酒吧中形成，也就是我们现在所说的保险的开端。管理这些钱的是酒吧的老板。工人们团结在一起后，便不仅仅是凑保险金了，他们还开始为改善工作条件而斗争，于是工会诞生了。酒吧的老板既是工会的委员长，又是工会的会计。酒吧非常热闹，但我不能保证这次旅行的参加者能够感受到工会发祥地的氛围。明天我们就要回日本了。大家早点休息吧。

现在已经是30日了。一大早我们便出发前往希斯罗机场。在这里，我们分成了成田组和关西组，31日早上我们才能到达日本。这次旅行真的要结束了。在最后的最后，请各位每人再说几句话吧。

池田：多亏了大家，让我度过了一段有意义的时光。谢谢大家。通过这次旅行，我明白了自己的无知，还意识到自己一直被美国视角洗脑这件事。从非洲到北美的奴隶其实只占了奴隶总数的百分之几，但我脑中净是与此有关的故事。有如此多的奴隶被贩卖到巴西，我理应关注到这个事实的，然而之前却没关注到，这真是太可怕了。

在昨天的自由活动时间里，我去了塔特陈列馆，在那里偶然看到了威廉·莫里斯的作品。有一段时间我特别着迷于19世纪末的美术，所以我非常开心。接着，当我在维基百科上浏览有关马克思的内容时，我发现马克思和威廉·莫里斯曾共事过，这让我觉得马克思非常亲切。回到日本后，我打算愉快地学习这些内容。

石川：我还能和关西组的成员在一起待12个小时。谢谢来自东京的各位。这次旅行打破了我曾经保持很多年的习惯——不去与日本有很大时差的地方。

虽然一开始我很不情愿，但在这次旅行中，我与大家相处得很愉快。今后若在哪里擦肩而过，请一定与我打招呼。我人生第一次也是最后一次的欧洲之旅十分愉快。谢谢各位。

内田：在这次旅行中，我全程都在感冒，这可能是我一生中最糟糕的海外旅行了。但是在大家的帮助和支持下，我总算顺利渡过了难关。谢谢各位。

在这次旅行中我收获了很多，主要有两个大发现，之后我会将其整理成文字。我为下周的*AERA*撰写的卷首文章很快就要与大家见面了，虽然像村上龙的文章一样，是以"我是在伦敦的房间里写这篇文章"开头的。大家一定要去书店购买啊！

图字：01-2022-2929

Marx no Kokoro wo Kiku Tabi by Tatsuru Uchida & Yasuhiro Ishikawa &Kayoko Ikeda
Copyright © 2016 Tatsuru Uchida & Yasuhiro Ishikawa & Kayoko Ikeda
Simplified Chinese translation copyright © 2017 Oriental Press, All rights reserved
Original Japanese language edition published by Kamogawa Publishing Co.,Ltd.
Simplified Chinese translation rights arranged with Kamogawa Publishing Co.,Ltd.
through Hanhe International (HK) Co., Ltd.

中文简体字版权由汉和国际（香港）有限公司代理
中文简体字版专有权属东方出版社

图书在版编目（CIP）数据

倾听马克思: 一场探寻马克思足迹的欧洲之旅 /(日) 内田树, (日) 石川康宏, (日) 池田香代子 著；
鲍忆涵 译.——北京: 东方出版社, 2022.10
ISBN 978-7-5207-2882-9

Ⅰ.①倾… Ⅱ.①内… ②石… ③池… ④鲍… Ⅲ.①马克思主义 - 研究 Ⅳ.①A81

中国版本图书馆CIP数据核字(2022)第135273号

倾听马克思：一场探寻马克思足迹的欧洲之旅
〔QINGTING MAKESI: YICHANG TANXUN MAKESI ZUJI DE OUZHOU ZHI LÜ〕

作　　者：	[日] 内田树　石川康宏　池田香代子
译　　者：	鲍忆涵
责任编辑：	姬　利　徐洪坤
出　　版：	东方出版社
发　　行：	人民东方出版传媒有限公司
地　　址：	北京市东城区朝阳门内大街166号
邮政编码：	100010
印　　刷：	北京文昌阁彩色印刷有限责任公司
版　　次：	2022年10月第1版
印　　次：	2022年10月第1次印刷
开　　本：	787毫米×1092毫米 1/32
印　　张：	6.25
字　　数：	113千字
书　　号：	ISBN 978-7-5207-2882-9
定　　价：	52.00元
发行电话：	(010) 85924663　85924644　85924641

版权所有，违者必究
如有印装质量问题，请拨打电话：(010) 85924602　85924603